きれいになる「ゆるマクロビ」

玄米と野菜の
ワンプレートごはん

中島 子嶺麻

家の光協会

はじめに

「身土不二(しんどふじ)」という言葉を知っていますか?

　人間の体は、暮らしている風土や環境と密接に関係していて、その土地に適応した旬の作物を育て、食べることで健康に生きられるという考え方です。

　私がいるブラウンズフィールドでは、その考えをもとに持続可能な農業と暮らしを目指しています。自分たちで種をまき、稲を植え、収穫した野菜や米を食べ、食べきれないものは保存食にする。それが、暮らしの基盤となっています。

　季節限定の野菜や野草という縛りの中での料理は、挑戦と研究と冒険の繰り返しです。日々、その時期の野菜たちとにらめっこして料理をしています。もちろん、少し離れたところにスーパーはありますが、できるだけ、畑でとれる季節の野菜、直売所に並んでいる野菜を中心に献立を作っています。

　今回は、私が日々作っているそのような料理をもとに、ワンプレートの献立を紹介します。肉や魚、乳製品などは一切使っていない、いわゆるマクロビオティックですが、今回、意識したのは厳密なマクロビオティックではなく、「ゆる」マクロビオティック。身近な野菜や乾物をたっぷりと使ったメニューを心掛けました。「こんなにたくさん野菜を用意しなくちゃだめかしら……」と思うくらいの種類があるかもしれませんが、1、2種類抜いたり、ほかの野菜を入れても問題ありません。また、食べごたえがあるように揚げもののメニューが多いですが、揚げる代わりにオーブントースターやフライパン、グリルで焼いてもOKです。

　マクロビオティックというと、制限があって難しいと思うかもしれませんが、無農薬や添加物の少ないものを選んだり、産地を気にするだけでも構いません。私自身も、母のおなかにいるときからマクロビオティックで育ちましたが、厳密な理念や教えを勉強してきたわけではなく、自分なりの解釈とこだわりを持って料理を作っています。自分なりの「おいしい」を意識して日々前向きに生きていけば、それがおのずと、心と体の健康と美しさにつながると思います。

　私は普段から、自分たちで作っている野菜を余すところなく大切に食べることを信条としています。家族やスタッフが毎日毎日、時間をかけて、心をこめて、汗して育てた野菜だからこそ、皮もヘタも根っこも葉っぱも、すべてが大切なのです。そういった環境ではない人も、野菜作りに時間をかけられない分、お金を出して野菜を買っていて、そのお金を自分のために使っているのですから、やっぱり、野菜を大事に食べる気持ちを持ってもらいたいと思います。そして、その野菜を手間ひまかけて作っている農家の方に少しでも思いを馳せられたら、それはとても素敵なことです。

　本書が、おいしい野菜との出合いのきっかけになればうれしいです。

2012年 4月

中島子嶺麻

目次

はじめに……2
ワンプレートごはんについて……6
野菜を無駄なく食べること／基本の玄米について……7

Spring
春のレシピ……8

1 …豆腐とにんじんのナゲットプレート……10
　　豆腐とにんじんのナゲット／どっさりサラダ／春野菜の塩麹スープ

2 …タコスプレート……13
　　こんにゃくカツのタコス／パスタサラダ／空豆のポタージュ

3 …ちらしずしプレート……16
　　ちらしずし／お澄まし

4 …揚げ春巻きプレート……18
　　揚げ春巻き／春キャベツのナムル／レンズ豆のスープ

5 …グリーンピースごはんのプレート……20
　　グリーンピースごはん／のり湯葉巻き揚げ／野菜のクリアスープ

春の一品料理

新じゃがの豆乳グラタン……22
車麩のエスカベッシュ……23
新玉ねぎのマリネ……23
ぐるぐるのり巻き……24
新じゃがの肉じゃが風……25
卯の花……25
水餃子……26
かぶのファルシー……26
ライスコロッケ……27
豆腐チーズのブルスケッタ……28

春の調味料とソース……29
木の芽のしょうゆ漬け／
ふきのとうみそ

Summer
夏のレシピ……30

1 …高野豆腐のドライカレープレート……32
　　高野豆腐のドライカレー／即席ピクルス／黄色いサモサ

2 …大豆のファラフェルプレート……35
　　大豆のファラフェル／ビシソワーズ／夏野菜の寒天寄せ

3 …コーンブレッドの軽食プレート……38
　　コーンブレッド／ガスパチョ／豆乳ヨーグルトのブルーベリーソース

4 …夏の和プレート……40
　　ゴーヤチャンプル／わかめとミニトマトの酢のもの／きゅうりの冷やし汁

5 …クスクスとラタトゥイユのプレート……42
　　とうもろこしのクスクス／ラタトゥイユ／ポテトサラダ

夏の一品料理

玄米入り生春巻き……44
かぼちゃサラダ……45
みょうがの梅酢漬け……45
スタッフドピーマン……46
夏野菜の素揚げ
バルサミコ絡め……47
ガーリックフライドポテト……47
じゃがみそ……48
ししとう炒め……48
梅ごはん……49
にらチヂミ……50

夏の調味料とソース……51
しそみそ／バジルペースト

> 本書の使い方
> ・油は菜種油、砂糖はてんさい糖、塩は自然塩を使用しています。また、小麦粉は地粉を使用しています。
> ・材料、調味料は、できるだけ国産で、昔ながらの製法で作られたものを使用しています。表記のあるもののほとんどは、自然食品店などで手に入ります。
> ・大さじ1は15ml、小さじ1は5ml、1カップは200mlです。

Fall

秋のレシピ……52

1…秋のビビンパプレート……54
　　秋の和風ビビンパ／かぶとしょうがの浅漬け／けんちん汁

2…車麩角煮パオのプレート……57
　　車麩の角煮パオ／春雨サラダ／中国風スープ

3…おからコロッケのプレート……60
　　おからコロッケ タルタルソース／かぼちゃのニョッキ入り豆乳スープ

4…豆腐ステーキのプレート……62
　　豆腐ステーキ／青菜のおひたし／大学いも

5…ずんだあんおはぎのプレート……64
　　ずんだあんおはぎ／柿と春菊の白あえ／豆乳みそ汁

秋の一品料理

茶碗蒸し……66
さつまいもとりんごの煮もの……67
小豆かぼちゃ……67
秋野菜のジェノベーゼパイ包み……68
さつまいもサラダ……69
みそピーナッツ……69
豆腐ときのこのみそおじや……70
里いもの姿揚げ……70
八宝菜……71
きのこのライスサラダ……72

秋の調味料とソース……73
穂じそのしょうゆ漬け／
きのこペースト

Winter

冬のレシピ……74

1…クリームシチューと蒸し野菜のプレート……76
　　白菜のクリームシチュー／ごぼうのみそ漬け／蒸し野菜

2…天丼と白菜とゆずの浅漬けプレート……79
　　天丼／白菜とゆずの浅漬け／白菜と水菜のハリハリスープ

3…大根尽くしプレート……82
　　大根葉入り玄米ごはん／大根餅／大根葉のおろしあえ／根菜のみそ汁

4…ポトフーと竜田揚げのプレート……84
　　高野豆腐とにんじんの竜田揚げ／ポトフー／水菜のくるみみそあえ

5…玄米キッシュプレート……86
　　切り干し大根のスープ／玄米キッシュ／春菊のひじきあえ

冬の一品料理

きんぴらごぼう……88
しいたけと昆布の佃煮……89
油揚げのねぎみそはさみ……89
玄米入りすいとん汁……90
冬キャベツとひよこ豆の
ごま煮……91
ごぼうサラダ……91
大根葉炒め……92
切り干し大根の煮もの……92
おやき……93
れんこんボール……94

冬の調味料とソース……95
ゆず汁／かんきつポン酢

本書で紹介する献立は、玄米ごはんを中心に、主菜、副菜、汁ものというプレートごはんの構成になっています。肉や魚、乳製品は使っていませんが、食材や調味料などは季節に合わせたものを使用して、決まりにとらわれすぎない「ゆる」マクロビオティックのプレートメニューにしました。

野菜や乾物、海藻類をたっぷり使ったメインのおかずは、玄米ごはんに合うように、ほどよく油を使ったり、ボリューム感を出して、肉や魚に負けないものにしました。その主菜に合わせて、副菜や汁ものをバランスよく添えたプレートに展開しています。

季節ごとに5つのプレートを紹介していますが、それぞれのおかずは、プレート内や季節の一品料理の中から組み合わせても構いません。一枚のお皿に、おかずをちょっとずつ盛りつけると、見た目も楽しく、かわいい一皿になります。自分の好みやセンスで自由に盛りつけて、ワンプレートごはんを楽しんでください。

 One Plate Dishes

ワンプレートごはんについて

【汁もの】
玄米との相性がよい スープやみそ汁

すべてのプレートではありませんが、スープも添えています。野菜をたっぷり加えた汁ものがあれば、大満足のワンプレートに。野菜本来の旨みは、動物性のだしに負けないおいしさです。

【副菜】
サラダやあえものなど 野菜や乾物のおかず

箸休めとなる野菜の小さなおかずは、サラダや漬けもの、あえものなど。混ぜるだけ、あえるだけの簡単レシピです。主菜とのバランスを考えて、比較的あっさりとした味つけにしています。

【玄米】
プレートの基本は 玄米ごはん

マクロビオティックでは、精製されていない玄米や雑穀を主食とします。もっちり、プチプチとした食感と、香ばしさは玄米ならでは。栄養価が高く、しっかりかむことで腹もちもよくなります。玄米は圧力鍋で炊くのがおすすめです。詳しくは次ページで紹介しています。

【主菜】
ほどよく油を使った 食べごたえのあるおかず

玄米ごはんが進む、ボリュームのある一品です。揚げたり焼いたりと、ほどよく油を使用して、食べごたえのあるおかずに仕上げています。巻いたり包んだりするメニューもたくさんあります。

野菜を無駄なく食べること

皮ごと調理します

本書では、ほぼすべての野菜を皮ごと使っています。栄養価が高くエネルギーがあるところなので捨ててしまうのはもったいない。無農薬や無化学肥料の野菜などを選んで、ぜひ皮ごと調理してください。ブラウンズフィールドでは、玉ねぎの皮やきのこの石づきなど、どうしても食べられないものは、まとめてブロス（野菜のだし汁）にしています。野菜だけでも驚くほど濃厚なだしになりますよ。

種やワタも刻んで使います

皮と同様、野菜によっては、種やワタも細かく刻んで使っています。たとえば、ゴーヤ。ワタと種も細かく刻んで一緒に炒めたところ、苦みもなくとてもおいしかったので、私はいつも丸ごと使っています。ピーマンやパプリカも同様ですが、もちろん、無理はせずお好みで。いくつか試してみて抵抗なくおいしいと感じたら、一緒に調理してみてください。どこか力強い味になると思います。

基本の玄米について

ブラウンズフィールドでは、自分たちで作った玄米を食べています。玄米は普通の鍋でも炊けますが、圧力鍋で炊くと、ふっくら、もっちりと仕上がります。炊きやすい分量として2合分の炊き方を紹介します。水加減や炊き時間は好みで調節して何度か試し、好みの炊き加減を見つけてください。

洗う

玄米2合を水で洗います。両手のひらを合わせて拝み洗いをして、傷んでいる玄米やもみ殻があれば取り除きます。圧力鍋の場合は浸水不要ですが、鍋や炊飯器で炊く場合は、このあと半日ほど浸水するとよいでしょう。

水加減をする

洗った玄米をしっかり水きりし、500ml（玄米の容量に対して1.5倍くらい）の水と塩をふたつまみ加えて軽く混ぜ、ふたをして中火にかけます。圧がかかったらそのまま3分加熱し、弱火にして25分炊きます。

炊き上げ

25分たったら、火から下ろして10分蒸らします。圧が自然に下がったらふたを開け、底から軽く混ぜます。鍋や炊飯器の場合も同様に。時間がたって冷めた玄米は、蒸すと炊きたてのようにふっくらとしておすすめです。

春のレシピ

3月上旬から5月下旬にかけて、ブラウンズフィールドにはたくさんの野草が芽吹きます。ふきのとう、木の芽、ゆきのした、つくし、せり、三つ葉……など、ほかにもたくさん。それらの野草に加え、たけのこや冬野菜の菜の花などが食卓をにぎやかにしてくれます。野草料理を見て、「これも食べられるの？」と不安そうに聞いてくるお客さんやスタッフに「おいしい」と言ってもらえるのが喜びです。とくに揚げたての「野草の天ぷら」は最高です。

　私の周りでは簡単に手に入る野草ですが、普通は、これらの野草をスーパーで買うのは難しいかもしれませんね。そこで、ここから紹介する春のレシピには、三つ葉、ふきのとう、木の芽を紹介する程度にとどめ、春キャベツや春にんじんなど、手軽に手に入る春野菜を使ったレシピを紹介しています。また、春は肝臓の季節ともいわれ、肝臓の働きを助ける味は酸味です。きっと、酢めしなどの酸味がおいしく感じられるはずです。

Spring

Spring 春のプレート ……1……

柔らかいナゲットに、春野菜たっぷりのスープ。
そして、生野菜をふんだんに使ったサラダ。
ボリュームたっぷりのプレートですが、
ぺろりと食べられてしまううれしい一皿です。

豆腐とにんじんのナゲットプレート

春野菜の塩麹スープ
…p.12

どっさりサラダ
…p.12

豆腐とにんじんのナゲット

主菜 豆腐とにんじんのナゲット

ふわふわとした食感の秘密は豆腐。じっくり炒めたにんじんに、カシューナッツを加えてアクセントにしました。

材料（約12個分）

にんじん……1/3本（約50g）
水……50ml
木綿豆腐……1/3丁（約100g）
カシューナッツ（生）……10g
こしょう……少々
パン粉……1/4カップ（約15g）
地粉……大さじ1
揚げ油……適量
トマトソース（以下参照）、粒マスタード
　　……各適量

作り方

1　にんじんは粗みじん切りにする。豆腐は重しをのせて20〜30分水きりする。カシューナッツは粗みじん切りにする。

2　1のにんじんは塩ひとつまみ（分量外）でよくもみ、鍋に入れて中火でからいりする。水分がとんだら分量の水を加え、ふたをして5分ほど蒸し煮にする。にんじんが柔らかくなったら、ふたを外して水分をとばす。

3　ミキサー（またはフードプロセッサー）に、1の豆腐とカシューナッツ、2、こしょうを入れ、軽く攪拌する。

4　3をボウルに取り出してパン粉を加え、ぽってりとまとまる程度に固さを調節する。12等分の平らな丸形にして、地粉をまぶす。

5　揚げ油を中温（約170℃）に熱し、4を3〜4分揚げる。器に盛り、トマトソースと粒マスタードをつけて食べる。

トマトソース

材料（作りやすい分量）

A
- 玉ねぎ（粗みじん切り）……1/2個分（約100g）
- にんにく（薄切り）……1片分
- 塩……ひとつまみ
- ローリエ……1枚
- オリーブオイル……大さじ1/2

B
- トマトピューレ……100ml
- 水……大さじ2
- しょうゆ……大さじ1
- こしょう……少々

作り方

鍋にAを入れて弱火にかけ、10分ほど炒める。Bを加えて味をととのえ、火を止める。ローリエを取り出してミキサー（またはフードプロセッサー）でなめらかになるまで攪拌する。

春のプレート
....1....

豆腐とにんじんのナゲットプレート

副菜 どっさりサラダ

かぼちゃの種入りの自家製ドレッシングが決め手。野菜の種類は問わないので、好みのものを使ってください。

材料（2人分）
サラダ菜……4〜5枚（約20g）
レタス……2枚（約30g）
ルッコラ……少々（約20g）
ラディッシュ……2個
グリーンアスパラガス……2本（約40g）
揚げ油……適量
＜ドレッシング＞
　かぼちゃの種……大さじ3
　豆乳……大さじ4
　梅酢……小さじ1
　アップルビネガー（または、米酢など）
　　……小さじ1

作り方
1　ドレッシングを作る。かぼちゃの種はミルサー（またはフードプロセッサー）で細かくし、すべての材料とよく混ぜ合わせる。
2　サラダ菜は食べやすい大きさにちぎる。レタスは細切り、ルッコラは2cm長さ、ラディッシュは実は半分に切って薄切り、葉は粗みじん切り、アスパラガスは斜め薄切りにする。
3　揚げ油を高温（約180℃）に熱し、2のアスパラガスをサッと揚げる。
4　すべての野菜をざっくりと混ぜ合わせて器に盛り、1をかける。

汁もの 春野菜の塩麹スープ

春野菜を塩麹だけで味つけしたシンプルなスープです。シャキシャキとした歯ごたえと野菜本来の甘さが絶妙。

材料（2人分）
キャベツ……2枚（約60g）
にんじん……1cm（約10g）
絹さや……6枚（約10g）
塩麹……大さじ2
だし汁……1と1/2カップ
＊水1ℓに干ししいたけ1枚、昆布（5cm角）2枚を入れて3時間以上おく。

作り方
1　キャベツは3cm角、にんじんはいちょう切り、絹さやは筋を取って斜め半分に切る。塩麹はすり鉢でする。
2　鍋に1のキャベツとにんじん、だし汁を入れて中火にかける。沸いたら弱火にして、にんじんが柔らかくなるまで4〜5分煮る。
3　1の絹さやと塩麹を加えて味をととのえる。

Spring 春のプレート …2…

こんにゃくカツに玄米ごはんを加えて
食べごたえ満点のタコスにアレンジしました。
パスタサラダと空豆のポタージュで、
「おなかいっぱい」間違いなしの一皿です。

タコスプレート

空豆のポタージュ
…p.15

パスタサラダ
…p.15

こんにゃくカツのタコス
…p.14

春のプレート
2
タコスプレート

主菜 こんにゃくカツのタコス

こんにゃくの揚げものは、歯ごたえもよくお肉のような食べごたえ。甘辛味で、自家製トルティーヤと相性抜群。

材料（2個分）

- フラワートルティーヤ（右記参照）……2枚
- こんにゃくカツ（右記参照）……4個
- キャベツ（せん切り）……1〜2枚分（約50g）
- 玄米ごはん……約70g
- トマトソース（p.11参照）……適量
- 豆乳マヨネーズ（下記参照）……大さじ2

作り方

1. トルティーヤにキャベツと玄米を半量ずつのせる。
2. こんにゃくカツにトマトソースを絡めて半量を1の上にのせ、豆乳マヨネーズ大さじ1をかける。残りも同様に作る。

豆乳マヨネーズ

材料（作りやすい分量）

- 豆乳……100ml
- 菜種油……50ml
- 米酢、梅酢……各小さじ1
- 塩……小さじ1/4
- こしょう……少々

作り方

ミキサーにすべての材料を入れてなめらかになるまで攪拌する。清潔な瓶に入れて冷蔵庫で2週間保存可能。

[フラワートルティーヤ]（2枚分）

- A
  - 地粉……1カップ（約100g）
  - 塩……小さじ1/4
  - ベーキングパウダー（あれば）……小さじ1/2
- 水……50ml

作り方

1. ボウルにAを入れてよく混ぜ、分量の水を少しずつ加えながら、よくこねる。粉っぽさがなくなったら2等分にして丸め、直径15cmくらいにのばす。
2. フライパンを中火で熱し、1を両面に軽く焼き色がつくまで焼く。

[こんにゃくカツ]（4個分）

- こんにゃく……1/2枚（約100g）
- A
  - しょうが（すりおろし）……1/2片分
  - にんにく（すりおろし）……1/2片分
  - しょうゆ……大さじ2
  - 水……大さじ1
- 地粉……大さじ2（同量の水で溶く）
- パン粉……大さじ3
- 揚げ油……適量

作り方

1. こんにゃくは塩ふたつまみ（分量外）をまぶしてよくもみ、熱湯で1分ほどゆでてざるに上げる。粗熱が取れたら、4等分の薄切りにする。
2. 鍋にAと1を入れ、ふたをして弱火にかける。3分ほど煮たらこんにゃくを裏返し、再びふたをして3分ほど煮つける。
3. 揚げ油を中温（約170℃）に熱し、水で溶いた地粉に2をくぐらせ、パン粉をまぶして3〜4分揚げる。

副菜 パスタサラダ

スパゲッティと野菜を一緒に蒸し煮にする簡単サラダ。マヨネーズとマスタードでシンプルに仕上げます。

材料（2人分）
スパゲッティ（直径1.6mm・ゆで時間9分のもの）
　……約50g
にんじん……2cm（約20g）
紫玉ねぎ……1/4個（約50g）
絹さや……10〜12枚（約20g）
水……300ml
豆乳マヨネーズ（p.14参照）……大さじ3
粒マスタード……小さじ1

作り方
1. にんじんは6mm角の拍子木切り、紫玉ねぎは薄切りにする。絹さやは筋を取る。
2. 鍋に分量の水を沸かし、半分に折ったスパゲッティと1のにんじんを入れて、時々かき混ぜながら7分ほどゆでる。
3. 2に1の紫玉ねぎと絹さやを加えてさらに2分ほど煮る。水分がしっかりとんだらボウルに移し、豆乳マヨネーズと粒マスタードであえる。

汁もの 空豆のポタージュ

なめらかな舌触りのポタージュは、空豆のおいしさを味わうため塩だけで味つけ。色鮮やかな緑色もおいしさのうち。

材料（2人分）
玉ねぎ……1/4個（約50g）
A ┌ 空豆……100g（正味）
　├ 塩……小さじ1/4
　└ 水……200ml
オリーブオイル……大さじ1

作り方
1. 玉ねぎは薄切りにする。
2. 鍋に1とオリーブオイルを入れて弱火でじっくりと炒める。Aを加え、ふたをして5分ほど煮る。
3. 空豆が柔らかくなったら、ミキサー（またはフードプロセッサー）でなめらかになるまで撹拌する。器に盛り、ゆでた空豆適量（分量外）を飾る。

春のプレート……3……

春といえば……の、ちらしずしもこのとおり。
いり卵は、高野豆腐とかぼちゃで代用して。
紅しょうがや佃煮を混ぜた玄米酢めしに、
優しい甘さのかぼちゃがよく合います。

ちらしずしプレート

お澄まし

ちらしずし

主菜 ちらしずし

玄米はお酢との相性がよく、酢めしにしてもおいしい。にんじんや絹さや、かぼちゃフレークで華やかに盛りつけます。

材料（2人分）

A
- かぼちゃフレーク……大さじ2
- りんごジュース……大さじ2
- 水……大さじ2
- しょうゆ……小さじ1

高野豆腐……2枚
にんじん……1cm（約10g）
絹さや……4枚
水……大さじ3

B
- 玄米ごはん……茶碗2膳分（約240g）
- 三つ葉……1/2束（約10g）
- 紅しょうが（p.55参照、または市販のもの）
  ……5〜10g
- しいたけと昆布の佃煮（p.89参照）
  ……25g
- 焼きのり……1/2枚
- 米酢……大さじ1

＊かぼちゃフレークはかぼちゃをフレーク状にしたもの。自然食品店や製菓材料店などで購入可能。手に入らなければ蒸しかぼちゃをマッシュしたもので代用してもよい。

作り方

1 にんじんは1〜2mm厚さの輪切りにし、花形に抜く。絹さやは筋を取って斜め半分に切る。Bの三つ葉と紅しょうがは粗みじん切りにする。のりは細かくちぎる。

2 鍋にAを入れてひと煮立ちさせ、高野豆腐を入れて火を止める。そのまま3〜4分おき、高野豆腐が煮汁を含んだらミキサー（またはフードプロセッサー）にかけ、粗めに砕く。

＊このとき、高野豆腐が多少固くても、ミキサーにかければ問題ない。

3 にんじんは塩ひとつまみ（分量外）で塩もみする。熱した鍋でからいりし、にんじんがしんなりとしたら絹さやと水大さじ3を加え、ふたをして蒸し煮にする。絹さやが柔らかくなったら、いったん取り出し、にんじんは水分がなくなるまで煮る。

4 ボウルにBを入れて混ぜ、器に盛る。2のそぼろをのせ、3の絹さやとにんじんを飾る。

汁もの お澄まし

ちらしずしに欠かせないお澄ましは、わかめと豆腐、三つ葉でシンプルに。しょうゆだけで、あっさりと仕上げました。

材料（2人分）

乾燥わかめ……約3g
水……300ml

A
- 絹ごし豆腐……1/6丁（約50g）
- 三つ葉……1/2束（約10g）
- しょうゆ……大さじ1/2

作り方

1 Aの豆腐は1cm角に、三つ葉は2cm長さに切る。

2 わかめは分量の水でもどし、食べやすい大きさに切る（もどし汁はとっておく）。

3 鍋に2のわかめをもどし汁ごと入れて中火にかける。沸いたらAを加えてさっと煮る。

Spring 春のプレート ....4....

皮はカリッ、具はトロッの春巻きは野菜たっぷり。
しっかり味で、ごはんが進むおかずです。
春キャベツのナムルに豆のスープも添えて、
野菜だけとは思えないボリューム満点の一皿です。

揚げ春巻きプレート

主菜　揚げ春巻き

たっぷり野菜と春雨に、しょうがと唐辛子をきかせて。しっかり下味をつけているので、つけだれなしでも十分おいしい。

材料（4本分）
長ねぎ……20cm（約60g）
えのきたけ……1/4袋（約50g）
にんじん……2cm（約20g）
しょうが（みじん切り）……1片分
赤唐辛子（輪切り）……少々
ごま油……大さじ1
A ┌ 春雨（乾燥）……約50g
　 │ 水……300ml
　 │ にんにくじょうゆ（右記参照）……大さじ1
　 └ 塩……小さじ1/2
くず粉……小さじ1と1/2（水50mlで溶く）
春巻きの皮……4枚
地粉……小さじ1（同量の水で溶く）
揚げ油……適量

作り方
1　長ねぎは斜め薄切り、えのきたけは石づきを除いて半分に切り、根元は細かく裂く。にんじんはせん切りにする。
2　フライパンに1、しょうが、赤唐辛子、ごま油を入れて炒める。野菜に火が通ったらAを加え、かき混ぜながら5分ほど煮る。春雨が柔らかくなったら、水溶きくず粉でとろみをつける。
3　春巻きの皮を広げ、2の1/4量をのせて包み、巻き終わりを水で溶いた地粉で留める。残りも同様に包む。
4　揚げ油を中温（約170℃）に熱し、3を5分ほど揚げる。食べやすい大きさに切って器に盛り、レタス適量（分量外）を添える。

にんにくじょうゆ

材料（でき上がり50ml分）
にんにく……1個（6〜7片）
しょうゆ……約100ml（にんにくがかぶるくらい）

作り方
にんにくは薄皮をむいて根元の固い部分は切り落とす。清潔な瓶に入れ、しょうゆを注ぐ。冷蔵庫で3日ほどおいたら使える。

＊しょうゆを使って減ったらつぎ足し、冷蔵庫で6〜7カ月保存可能。にんにくの風味が落ちてきたら新しいにんにくを加えるとよい。

副菜　春キャベツのナムル

葉の柔らかい春キャベツを焼きのりと調味料だけでさっとあえた簡単レシピ。ごま油を加えて風味とコクをプラスします。

材料（2人分）
キャベツ……2枚（約60g）
焼きのり……1/2枚
しょうゆ、ごま油……各小さじ1
塩……ひとつまみ
こしょう……少々

作り方
1　キャベツはせん切りにする。のりは細かくちぎる。
2　ボウルにすべての材料を入れて混ぜ合わせる。

揚げ春巻き

レンズ豆のスープ

春キャベツのナムル

汁もの レンズ豆のスープ

もどす必要がなく短時間で炊けるレンズ豆は、スープにも最適。じっくり炒めた玉ねぎにレンズ豆のとろみがよく合います。

材料（2人分）

玉ねぎ（みじん切り）……1/4個分（約50g）
A ┏ 緑レンズ豆……1/4カップ（約50g）
  ┃ 水……500ml
  ┗ ローリエ……1枚
しょうゆ……大さじ1
パセリ（みじん切り）……少々
菜種油……小さじ1

作り方

1. 鍋に玉ねぎと菜種油を入れて弱火にかけ、じっくりと炒める。薄く色づいたらAを加え、ふたをして弱火で20分ほど煮る。
2. レンズ豆が柔らかくなったら、しょうゆで味をととのえ、器に盛ってパセリをふる。

野菜のクリアスープ

グリーンピースごはん

のり湯葉巻き揚げ

Spring 春のプレート
....5....

春には必ず作るのが、グリーンピースごはん。
グリーンピースは玄米と一緒に炊きこまず、
あと混ぜにすると、きれいな緑色になります。
湯葉巻き揚げと野菜スープと一緒にどうぞ。

グリーンピースごはんのプレート

ごはん グリーンピースごはん

見た目も春らしいグリーンピースごはん。ほんのり塩けがあり、少し固めにゆでたグリーンピースの食感も絶妙。

材料（2人分）
- グリーンピース……100g（正味）
- 水……200ml
- 塩……ふたつまみ
- 昆布（5cm角）……1枚
- しょうゆ……大さじ1
- 玄米……2合

作り方
1. 鍋に分量の水を沸かし、グリーンピースと塩を入れてゆでる。色よくゆで上がったら、火を止めてそのままおく。
2. 玄米は洗って水きりし、圧力鍋に入れる。昆布としょうゆを加え、1のゆで汁全量に水を足して500mlにして加え、通常どおりに炊く（p.7参照）。
3. 炊き上がった2に1のグリーンピースを混ぜる。

主菜 のり湯葉巻き揚げ

大好きな湯葉で、野菜や玄米を巻いて揚げものにしました。甘酒がきいた酢みそソースがよく合います。

材料（6本分）
- 板湯葉（7×15cmのもの）……6枚
- にんじん……3cm（約30g）
- グリーンアスパラガス……2本（約40g）
- 焼きのり……2枚
- 玄米ごはん……約120g
- A [地粉、くず粉……各大さじ1
      水……大さじ1と1/2]
- 揚げ油……適量
- ＜酢みそソース＞
  - 白みそ、甘酒……各大さじ1
  - 米酢、かんきつ汁……各小さじ1
  - 木の芽（みじん切り）……少々

作り方
1. にんじんは縦に6等分、アスパラガスは長さを3等分に切る。のりは縦に3等分に切る。
2. 1のにんじんとアスパラガスは蒸気の上がった蒸し器で3分ほど蒸す。
3. 湯葉に玄米ごはんの1/6量を薄く広げ、1ののり1枚をのせる。2を1本ずつのせてくるくると巻く。残りも同様に巻く。
4. ボウルにAを入れてよく混ぜ合わせる。
5. 揚げ油を中温（約170℃）に熱し、3を4にくぐらせて2〜3分揚げる。食べやすい大きさに切って器に盛り、よく混ぜ合わせた酢みそソースと木の芽適量（分量外）を添える。

汁もの 野菜のクリアスープ

野菜のうまみをじっくりと引き出したスープは、だしを使わなくても驚くほど濃厚な味わい。ぜひ、土鍋でお試しを。

材料（2人分）
- 玉ねぎ……1/4個（約50g）
- セロリ（茎のみ）……4〜5cm（約20g）
- キャベツ……1枚（約30g）
- にんじん……3cm（約30g）
- 水……300ml
- ローリエ……1枚
- 塩……小さじ1/4

作り方
1. 玉ねぎはみじん切り、セロリ、キャベツ、にんじんは3mm角に切る。
2. 土鍋（または鍋）に1を順に入れる。鍋肌から水をそっと注ぎ入れ、ローリエをのせ、ふたをして中火にかける。沸いたら弱火にして15分ほど煮て、塩で味をととのえる。

春の一品料理

キャベツやにんじん、豆など、春ならではのみずみずしさを持った春野菜。そんな野菜をふんだんに使った、料理を紹介します。この一品料理をプレートのおかずとトレードするのもおすすめです。

主菜 新じゃがの豆乳グラタン

すりおろしと角切りのじゃがいもで、とろりと濃厚に。
豆乳の優しい味わいが、口いっぱいに広がります。

材料（直径13cm×高さ3cmの耐熱皿1つ分）

- じゃがいも……1個（約120g）
- キャベツ……1枚（約30g）
- 玉ねぎ……1/4個（約50g）
- グリーンピース……20g（正味）
- A [水……50ml / 塩……ひとつまみ]
- B [豆乳……100ml / しょうゆ……小さじ1/2 / 塩……ひとつまみ / こしょう……少々]
- 菜種油……大さじ1/2

作り方

1. じゃがいもは、1/2量を1cm角に切り、残りはすりおろす。キャベツはざく切り、玉ねぎはみじん切りにする。
2. 鍋に、1の角切りにしたじゃがいもとキャベツ、グリーンピース、Aを入れて弱火にかけ、ふたをして水分が蒸発するまで蒸し煮にする。じゃがいもは耐熱皿に入れ、キャベツとグリーンピースはバットなどに分けておく。
3. 同じ鍋に1の玉ねぎと菜種油を入れ、弱火でじっくりと炒める。玉ねぎがしんなりとしたら、1ですりおろしたじゃがいもと水50ml（分量外）を加えて火を強める。沸いたらBを加えて味をととのえ、2の耐熱皿に流し入れる。2のキャベツとグリーンピースを飾り、200℃のオーブン（またはオーブントースター）で10分ほど焼く。

＊同じ分量で直径7.5cmのココット皿ふたつでも作れる。

副菜 車麩のエスカベッシュ

車麩のモチモチとした食感に、野菜をたっぷり加えて。
ピリ辛の甘酢がよく合う、ごはんが進む味です。

材料（2人分）
玉ねぎ……1/4個（約50g）
にんじん……3cm（約30g）
セロリ（葉も含む）……15cm（約15g）
A ┌ 車麩……2枚
　├ だし汁（p.12参照、または水）……100ml
　└ しょうゆ……大さじ1
B ┌ にんにく（すりおろし）……1/2片分
　├ ローリエ……1枚
　├ 赤唐辛子（輪切り）……少々
　├ 米酢……大さじ2
　├ かんきつ汁……大さじ1
　└ だし汁（p.12参照、または水）……100ml
C ┌ 地粉、水 ……各大さじ3
　└ 塩……ひとつまみ
揚げ油……適量

作り方
1　玉ねぎは薄切り、にんじん、セロリはせん切りにする。塩小さじ1/4（分量外）をふってもむ。
2　鍋にAを入れて中火にかけ、水分がなくなるまで蒸し煮にする。粗熱が取れたら3等分に切る。
3　鍋に1とBを入れて混ぜ、中火にかける。沸いたら弱火で1分ほど煮て火を止める。
4　ボウルにCを入れて混ぜ、衣を作る。ここに2をくぐらせて、高温（約180℃）に熱した揚げ油で2〜3分揚げる。揚げたてを3の鍋に入れてしばらくおき、車麩とマリネ液がなじんだら食べる。

副菜 新玉ねぎのマリネ

玉ねぎ2種のマリネは、爽やかな酸味と辛みが新鮮。
みずみずしく、生でも食べやすい新玉ねぎでぜひお試しを。

材料（2人分）
玉ねぎ……1/4個（約50g）
紫玉ねぎ……1/4個（約50g）
塩……ひとつまみ
A ┌ 米酢、オリーブオイル……各大さじ1
　└ しょうゆ……小さじ1

作り方
1　玉ねぎと紫玉ねぎは薄切りにして、塩をふってよくもむ。
2　ボウルにAを入れてよく混ぜ合わせ、1を加えてなじませる。
＊玉ねぎが辛い場合は、マリネ液に漬けたまま冷蔵庫でひと晩おくとよい。すぐに食べたい場合は、塩でもんだ玉ねぎを中火のグリルで5分ほど加熱するとよい。シャキシャキとした食感を残したまま、甘みが増しておいしくなる。

ごはん ぐるぐるのり巻き

お花などがモチーフの、千葉県の郷土料理でもある太巻き。
かたつむりをイメージして、野菜と油揚げを巻きました。

材料（1本分）
にんじん……3cm（約30g）
グリーンアスパラガス……1本（約20g）
油揚げ……1枚
紅しょうが（p.55参照、または市販のもの）
　　……10g
玄米ごはん……約150g
梅酢……小さじ2
焼きのり……1枚
しょうゆ……小さじ2
水……大さじ3

作り方
1. にんじんはせん切りにして、塩ひとつまみ（分量外）をふってもむ。油揚げは油抜きをする。紅しょうがはせん切りにする。
2. 鍋に1のにんじんと油揚げ、アスパラガス、しょうゆ、水を入れて中火にかける。沸いたら火を弱めて2分ほど煮て、アスパラガスを取り出す。残りは汁けがなくなるまで煮含める。
3. ボウルに玄米ごはんと梅酢を入れてざっくりと混ぜ合わせる。
4. 巻きすにのりをのせ、3を薄く広げる（このとき、上は5cm、下は2cmほどあけておくとよい）。ごはんの上に、手前から、2の油揚げと紅しょうが、少し間をあけて2のにんじんをのせ、一番手前に2のアスパラガスをのせる（写真）。
5. 4のアスパラガスを芯にして手前からきつめに少しずつ巻いていく。最後まで巻いたら少しおいてなじませ、食べやすい大きさに切る。

主菜 新じゃがの肉じゃが風

肉なしの肉じゃがですが、野菜だけでも驚くほどおいしい。
じっくり炒めて、にんにくじょうゆだけで味つけします。

材料（2〜3人分）
- じゃがいも……1個（約120g）
- 玉ねぎ……1/4個（約50g）
- にんじん……1/3本（約50g）
- 絹さや……10〜12枚（約20g）
- しらたき……1/2袋（約90g）
- にんにくじょうゆ（p.18参照）
  ……大さじ1と1/2
- 水……100ml
- ごま油……大さじ1

作り方
1. じゃがいもは5〜6等分、玉ねぎは1cm幅に切り、にんじんは乱切りにする。絹さやは筋を取る。しらたきは長ければ食べやすい長さに切り、水から2分ほどゆでてざるに上げる。
2. 鍋に1の絹さや以外の材料とごま油を入れて中火でよく炒める。油が回って玉ねぎがしんなりしたら絹さやとにんにくじょうゆ、分量の水を加え、ふたをして10分ほど煮る。汁がなくなり、にんじんとじゃがいもが柔らかくなったらでき上がり。水分が残っているようなら、ふたを外して火を強め、しっかり煮含める。

副菜 卯の花

定番の卯の花は、野菜をふんだんに使ってしっとりと。
玉ねぎの甘みと、ごま油のコクがおいしさの秘密です。

材料（2〜3人分）
- おから……50g
- 玉ねぎ……1/4個（約50g）
- にんじん……2cm（約20g）
- 干ししいたけ……1枚
- グリーンピース……大さじ2（正味）
- 水……50ml
- しょうゆ……小さじ2
- ごま油……小さじ1

作り方
1. 玉ねぎは薄切り、にんじんはせん切りにする。干ししいたけは分量の水でもどし、みじん切りにする（もどし汁はとっておく）。
2. 鍋に1の玉ねぎとごま油を入れ、中火でよく炒める。玉ねぎがしんなりしたら1のにんじんと干ししいたけを加えてさらに炒める。油が回ってにんじんがしんなりとしたら、1のもどし汁としょうゆ、グリーンピースを加え、ふたをして弱火で5〜6分煮る。おからを加えて火を強め、汁けがなくなるまでいりつける。

主菜 水餃子

モチモチ生地の水餃子は、ひとつでも十分なボリューム。
その分、具はシンプルに。お肉なしでも満足できます。

材料（4個分）
- 生しいたけ……2〜3枚（約40g）
- 長ねぎ……8cm（約20g）
- 三つ葉……1束（約20g）
- しょうゆ……小さじ1
- A
  - 地粉……1カップ（約100g）
  - 水……大さじ2
  - 塩……ひとつまみ
- だし汁（p.12参照）……200ml
- 塩……ひとつまみ
- ごま油……大さじ1

作り方
1. しいたけ、長ねぎ、三つ葉はすべてみじん切りにする。
2. フライパンに1のしいたけと長ねぎ、ごま油を入れて中火でよく炒める。油が回ってしんなりとしたら、しょうゆで味をととのえて火から下ろし、1の三つ葉を加えて混ぜる。
3. ボウルにAを入れて混ぜ、よくこねる。全体がまとまって粉っぽさがなくなったら4等分にして、直径10cmくらいにめん棒でのばす。2の1/4量をのせて包む。残りも同様に包む。
4. 鍋にだし汁を入れて中火にかけ、沸いたら火を弱めて3を入れる。ふたをして3分ほど蒸し煮にして、塩で味をととのえる。器に盛り、三つ葉適量（分量外）を散らす。

副菜 かぶのファルシー

かぶを器に見立て、かぶの中身とセロリを詰めました。
コロンとした見た目もかわいく、おつまみにもぴったり。

材料（2個分）
- かぶ……1個（約100g）
- セロリ（葉も含む）……10cm（約10g）
- 塩……ひとつまみ
- A
  - 豆乳……大さじ2
  - しょうゆ……小さじ1/2
  - パン粉……大さじ1

作り方
1. かぶは上部を多めに切り落とし、その面を下にしてまな板に置き、横半分に切る。中身をスプーンなどでくりぬき、中身と上部はみじん切りにする。セロリもみじん切りにする。
2. 1のみじん切りにしたかぶ、セロリに塩をふってもむ。
3. 鍋に2を入れて弱火にかけ、水分をとばすようにからいりする。野菜がしんなりして柔らかくなったら、Aを加えてよく混ぜる。
4. 1のかぶに3を詰め、耐熱皿にのせる。200℃のオーブン（またはオーブントースター）で10分焼く。

主菜 ライスコロッケ

玄米ごはんと野菜のライスコロッケはひと口サイズ。
揚げたてはもちろん、冷めてもおいしい一品です。

材料（4個分）
玉ねぎ……1/4個（約50g）
じゃがいも……1/2個（約60g）
玄米ごはん……約80g
にんにくじょうゆ（p.18参照）……小さじ1
A ［グリーンピース……大さじ2（正味）
　　塩……小さじ1/4
　　ターミリック……少々
　　水……50ml］
B ［地粉、水 ……各大さじ1
　　塩……ひとつまみ］
パン粉……大さじ2
オリーブオイル……小さじ1
揚げ油……適量

作り方
1 玉ねぎはみじん切りにする。じゃがいもは1cm角に切る。
2 フライパンに1とオリーブオイルを入れ、中火でよく炒める。油が回って玉ねぎがしんなりとしたらAを加えてふたをし、弱火で4〜5分煮る。じゃがいもが柔らかくなったら、玄米ごはんとにんにくじょうゆを加えてよく混ぜ、粗熱が取れたら4等分にして丸める。
3 ボウルにBを入れて混ぜ、2をくぐらせてパン粉をまぶす。
4 揚げ油を中温（約170℃）に熱し、3を時々転がしながら5〜6分揚げる。

副菜 豆腐チーズのブルスケッタ

しっかりと水きりした豆腐をみそに漬けるだけで、
濃厚なチーズに大変身。パンと合わせておつまみに。

材料（4枚分）
木綿豆腐……1丁（約300g）
みそ……適量
カンパーニュ（またはバゲットなど好みのパン）
　……4切れ
グリーンアスパラガス……1本（約20g）
黒オリーブ……2個
揚げ油……適量
チャービル（または好みのハーブ）……適量

作り方
1　豆腐は重しをのせて3時間以上しっかりと水きりする。
2　1をさらし（または手ぬぐい）で包み、すべての面にみそを塗る。保存容器に入れ、冷蔵庫で1週間ほどおく。
3　アスパラガスは斜め薄切りにして高温（約180℃）の揚げ油でさっと素揚げにする。黒オリーブは半分に切る。
4　カンパーニュに薄切りにした2と3をのせ、チャービルを飾る。
＊豆腐チーズは、冷蔵庫で1カ月ほど保存可能。時間がたつほど濃厚になり、トロッとした食感になる。

春の調味料とソース

木の芽とふきのとう。どちらも、短い春の間にしかとれない貴重な食材です。
そのおいしさをギュッと閉じ込めた調味料は、お料理にも重宝します。

木の芽のしょうゆ漬け

材料（作りやすい分量）
木の芽……約8枚
しょうゆ……50ml

作り方
1. 木の芽は洗い、水けをしっかりとふき取る。
2. 清潔な保存容器に1としょうゆを入れ、冷暗所で保存する。2日目くらいから使える。

＊半年ほど保存可能。
＊餃子や春巻きにつけたり、おひたしに使うと、いつものしょうゆとは違った風味を楽しめる。

ふきのとうみそ

材料（作りやすい分量）
ふきのとう……3～4個（約30g）
みそ……大さじ3

作り方
1. ふきのとうは粗みじん切りにする。
2. まな板に1とみそをのせ、ふきのとうをさらに細かくみじん切りにしながらみそと混ぜ合わせる。全体がなじんだら清潔な保存容器に入れ、冷蔵庫で保存する。その日から食べられる。

＊1週間ほど保存可能。
＊ごはんのお供や蒸し野菜につけるほか、野菜と一緒にオーブン焼きにしてもおいしい。

夏のレシピ

　いっぺんにたくさんとれ、足が早いのが夏野菜。そのため、保存食作りも意外と多い時期です。毎年、作付けが違うので、とれすぎるものはその年によって違いますが、昨年困ったのは、きゅうり、ゴーヤ、青トマト、ししとうでした。大きくなりすぎたゴーヤやきゅうりは、ガスパチョやチャンプルにしてもせいぜい１〜２本しか消費できません。そこで、昨年は漬けもの作りに精を出しました。きゅうりやゴーヤ、ししとうは酢漬けやしょうゆ漬けに。青トマトはピクルスにして乗り切りました。とにかく野菜を無駄にできない性分の私にとって、野菜と追いかけっこをする、うれしい悲鳴の上がる季節なのです。

　夏は暑いので「体を多少冷やしても大丈夫」と言い聞かせて、思いっきり夏野菜を楽しむお料理にしてみました。スパイスをきかせたカレーや、冷製スープ。にんにくや油、香辛料もいつもより多めに使っています。冷え性の方は、体と相談しながら加減してみてくださいね。

Summer

Summer 夏のプレート ……1……

暑い夏には、やっぱり、カレーが食べたくなります。
マクロビオティックでは、あまり使わないスパイスも、
この季節ならいろいろ組み合わせて加えます。
ピクルスやサモサでカレー三昧のプレートになりました。

高野豆腐のドライカレープレート

即席ピクルス

高野豆腐のドライカレー

黄色いサモサ
→p.34

主菜 高野豆腐のドライカレー

ひき肉の代わりに高野豆腐を使い、たっぷりの野菜と数種のスパイスで本格的なドライカレーに。

材料（2〜3人分）
- 高野豆腐……4枚
- 玉ねぎ……3/4個（約150g）
- じゃがいも……1個（約120g）
- ピーマン……1個（約35g）
- トマト……1個（約150g）
- 干ししいたけ……3枚
- にんにく（みじん切り）……2片分
- しょうが（みじん切り）……5g
- クミンシード……小さじ1/4
- 塩……小さじ1/2
- 赤唐辛子（小口切り）……少々
- 菜種油……大さじ2
- A
  - アプリコットジャム、豆乳マヨネーズ（p.14参照）、にんにくじょうゆ（p.18参照）……各大さじ2
  - みそ……大さじ1
  - ターメリックパウダー……小さじ1/4
  - シナモンパウダー、こしょう……各少々

作り方
1. 高野豆腐は100mlのお湯（分量外）でもどして水けを絞り、ミキサー（またはフードプロセッサー）で攪拌する。玉ねぎはみじん切り、じゃがいもは5mm角、ピーマンはヘタを取り、種ごと5mm角、トマトは2cm角に切る。干ししいたけは100mlの水（分量外）でもどし、みじん切りにする（もどし汁はとっておく）。
2. 鍋に1の玉ねぎ、にんにく、しょうが、クミンシード、塩、赤唐辛子、菜種油を入れて中火でよく炒める。玉ねぎがしんなりしたら、1のじゃがいも、ピーマン、トマト、干ししいたけをもどし汁ごと加え、火を弱めてふたをする。
3. じゃがいもが柔らかくなったら、1の高野豆腐とAを加えて2〜3分煮る。

副菜 即席ピクルス

作ってすぐ食べられる即席のピクルスです。2種類の酢を使うことで、酸味と甘みのバランスがよくなります。

材料（2人分）
- きゅうり……1/2本（約50g）
- にんじん……小1/4本（約25g）
- 塩……小さじ1/4
- A
  - 米酢……大さじ1
  - 梅酢……大さじ1/2
  - てんさい糖……大さじ1/2

作り方
1. きゅうり、にんじんは1cm角の拍子木切りにする。ボウルに入れ、塩を加えて手で軽くもみ、5分ほどおく（出てきた汁も残しておく）。
2. 小鍋にAを合わせ、1のにんじんを加えて火にかける。沸いたらふたをして弱火で2分煮る。1のきゅうりを汁ごと入れてふたをし、さらに1分煮る。
3. 汁けが残っているようならさらに煮てとばし、火を止める。粗熱を取ってから食べる。

夏のプレート
....1....
高野豆腐のドライカレープレート

副菜 黄色いサモサ

生地から手作りするサモサは意外と簡単。かぼちゃのホクホクとした食感と甘みが広がります。

材料（4個分）
＜生地＞
　地粉……1/2カップ（約50g）
　ターメリック……小さじ1/4
　シナモンパウダー……少々
　塩……ひとつまみ
　菜種油……大さじ1
　水……小さじ2
かぼちゃ……80g
にんにく（薄切り）……1/2片分
クミンシード……小さじ1/4
菜種油……小さじ2
水……50ml
しょうゆ……小さじ1/2
揚げ油……適量

作り方
1　生地を作る。ボウルに地粉から塩までの材料を入れ、菜種油を加えて手ですり混ぜ、水を少しずつ加えながらこねる。ふたつに分け、乾かないように、濡れぶきんをかけておく。
2　かぼちゃは1cm角に切る。鍋にかぼちゃ、にんにく、クミンシード、菜種油を入れて中火で炒める。水を加えてふたをし、弱火にする。
3　かぼちゃに竹串がスッと通るくらい柔らかくなったら、しょうゆを加える。ボウルに移してマッシャー（またはすりこ木）でつぶし、4等分にする。
4　1の生地を丸くのばして包丁で半分に切る。三角錐のように丸めて3を入れ、三角形に形を整える。同様に計4つ作る。
5　揚げ油を中温（約170℃）に熱し、4をきつね色になるまで4〜5分揚げる。

Summer 夏のプレート
....*2*....

ファラフェルとは、中近東発祥の豆の揚げもの。
ヨーグルトソースでさっぱりといただきます。
色とりどりの見た目もきれいな寒天寄せに、
じゃがいもの冷製スープも添えていただきます。

大豆のファラフェルプレート

ビシソワーズ
…p.37

夏野菜の寒天寄せ
…p.37

大豆のファラフェル
…p.36

夏のプレート
....2....
大豆のファラフェルプレート

主菜　大豆のファラフェル

本場、中近東のファラフェルはひよこ豆ですが、大豆でもおいしい。ディルが爽やかに香るヨーグルトソースは絶品。

材料（6個分）

大豆……1/2カップ
水……200ml
A
- 玉ねぎ（みじん切り）……1/4個分（約50g）
- にんにく（すりおろし）……1/2片分
- 白練りごま……大さじ1
- 塩……ひとつまみ
- こしょう……少々
- ターメリックパウダー、クミンパウダー、パセリ（みじん切り）……各少々

パン粉……10g
地粉、揚げ油……各適量
<ヨーグルトソース>
- 豆乳ヨーグルト（p.39参照、または市販のヨーグルト）……大さじ4
- ディル（みじん切り）……大さじ1
- 塩……ひとつまみ

作り方

1. 圧力鍋に大豆と水を入れて中火にかける。圧がかかったら弱火にして15分加熱する。火を止めたら、圧力鍋のふたに水をかけて急冷する（圧力鍋がない場合は、大豆を一晩浸水させてもどしてから、弱火で1時間ほど、柔らかくなるまで煮る）。

2. ミキサー（またはフードプロセッサー）に**1**とAを入れて撹拌する。ボウルに移し、パン粉を加えてよく混ぜる。手水をつけながら6等分に丸め、地粉をまぶす。

3. 揚げ油を中温（約170℃）に熱し、**2**を1〜2個入れる。転がしながら3〜4分揚げ、残りも同様に揚げる。器に盛り、サラダ菜適量（分量外）を添え、よく混ぜたヨーグルトソースをかける。

汁もの ビシソワーズ

じゃがいものでんぷんだけなのに、驚くほど、とろりと濃厚な舌触り。腹もちもよく、玄米ともよく合います。

材料（2人分）
- 玉ねぎ……1/2個（約100g）
- じゃがいも……1個（約120g）
- 塩……小さじ1/2
- 水……200ml
- 豆乳（または水）……100ml
- こしょう……少々
- 菜種油……大さじ1

作り方
1. 玉ねぎは2mm厚さのくし形切り、じゃがいもは2mm厚さの半月切りにする。
2. 鍋に1の玉ねぎ、塩、菜種油を入れて中火で炒める。玉ねぎがしんなりとしてきたら1のじゃがいも、水を加え、ふたをして5分ほど煮る。
3. 2のじゃがいもが柔らかくなったら火から下ろし、豆乳、こしょうを加える。ミキサー（またはフードプロセッサー）にかけて攪拌し、冷蔵庫で30分ほど冷やす。パセリ適量（分量外）をふる。

副菜 夏野菜の寒天寄せ

カラフルな断面が美しい寒天寄せは、薄味で野菜本来の味を引き出します。おもてなしにもぴったりの一品です。

材料（11×5×4cmの保存容器ひとつ分）
- かぼちゃ……40g
- きゅうり……1/5本（約20g）
- ミニトマト……1個
- オクラ……2本（約25g）
- 粉寒天……小さじ1/2
- だし汁（p.12参照）……150ml
- しょうゆ……小さじ1と1/2
- A
  - 豆乳……100ml
  - 粉寒天……小さじ1/4
  - しょうゆ……小さじ1/2
  - こしょう……少々

作り方
1. かぼちゃ、きゅうりは8mm角の拍子木切り、ミニトマトは4等分に切る。
2. ボウルに粉寒天とだし汁を入れてよく混ぜ、粉寒天を溶かす。
3. 小鍋に2と1のかぼちゃを入れて中火にかけ、かぼちゃが柔らかくなるまでふたをして煮る。かぼちゃに火が通ったら取り出し、同じ鍋にオクラとしょうゆを加えてさっとゆでる（汁はとっておく）。
4. 保存容器に、1のきゅうり、トマト、3のかぼちゃ、オクラをランダムに敷き詰め、3の鍋の汁を流し入れる。そのまましばらくおき、寒天が固まるまで待つ。
5. 4の空いた鍋にAを入れてよく混ぜ、中火にかける。へらでかき混ぜながら加熱し、沸騰直前で火を止める（すぐに沸くので注意する）。
6. 4に5を流し入れ、冷蔵庫で1時間ほど冷やし固め、好みの大きさに切って食べる。

Summer 夏のプレート ....3....

食欲がないときや、玄米続きで飽きてしまったときは、コーンブレッドが主役のワンプレートも新鮮です。夏野菜の代表的選手、きゅうりのガスパチョと、自家製ヨーグルトでさっぱりといただきます。

コーンブレッドの軽食プレート

豆乳ヨーグルトの
ブルーベリーソース

ガスパチョ

コーンブレッド

主菜 コーンブレッド

生地を混ぜて焼くだけ。発酵要らずでとても簡単です。塩味をきかせればプレートに最適。ブランチにどうぞ。

材料（マドレーヌ型4個分）

A
- 地粉……3/4カップ（約75g）
- コーンミール……1/4カップ
- ベーキングパウダー……小さじ1
- 塩……ひとつまみ
- くるみ（生・粗めに刻む）……1/4カップ

菜種油……大さじ2
水……50ml

作り方

1. ボウルにAを合わせ、菜種油を少しずつ加えて手ですり混ぜる（写真）。
2. 全体がなじんだら、水を少しずつ加えてさっくりと混ぜ、型に4等分にして入れる。
3. 180℃のオーブン（またはオーブントースター）で10分加熱する。粗熱が取れたら型から外す。

汁もの ガスパチョ

濃い緑と薄い緑。味も見た目も楽しめるスープは、酸味とまろやかさで暑い季節にぴったりです。

材料（2人分）

- きゅうり……2本（約200g）
- トマト……1個（約150g）
- にんにく（薄切り）……1/4片分
- 塩……小さじ1/4
- 豆乳……50ml
- 梅酢……小さじ1

作り方

1. きゅうりはピーラーで皮をむいてざく切りにする（皮もとっておく）。トマトはヘタはみじん切り、実は4等分にする。
2. ミキサー（またはフードプロセッサー）に、**1**のきゅうり、にんにく、塩、豆乳を入れて攪拌する。ボウルに移し、冷蔵庫で冷やす。
3. 同じミキサーに、**1**で残しておいたきゅうりの皮、トマト、梅酢を入れて攪拌する。ボウルに移し、冷蔵庫で冷やす。
4. カップに**3**を入れ、**2**を上からかける。

副菜 豆乳ヨーグルトのブルーベリーソース

豆乳だけで作ったヨーグルトは、シンプルでいて美味。市販のものとはひと味もふた味も違うおいしさです。

材料（作りやすい分量）

- 無調整豆乳……250ml
- ケフィア菌……1/2本分
- <ブルーベリーソース>
  - ブルーベリー（冷凍でも可）……1カップ
  - りんごジュース……100ml
  - くず粉……大さじ1（同量の水で溶く）

作り方

1. 保存容器に豆乳とケフィア菌を入れ、よく混ぜてふたをする。25℃前後の室温で24時間おく（夏場、30℃前後の室温なら12時間ほどおく）。
2. ブルーベリーソースを作る。鍋にブルーベリーとりんごジュースを入れて中火にかけ、沸いたらふたをして弱火で20分煮る。水溶きくず粉を加えてよく混ぜ、1〜2分煮る。粗熱が取れたら**1**にかけ、ミント適量（分量外）を飾る。

Summer 夏のプレート ....4....

夏といえば、ゴーヤチャンプルも外せません。野菜たっぷりの炒めもので夏バテもなんのその。主菜が炒めものなので、副菜には酢を使ったり、冷やし汁を合わせたり。バランスのよい一皿です。

夏の和プレート

主菜 ゴーヤチャンプル

ゴーヤのほか、玉ねぎやパプリカなど、野菜たっぷりのチャンプル。玄米ごはんが進むよう、濃いめの味つけです。

材料（2～3人分）
ゴーヤ……1/2本（約70g）
パプリカ（赤）……1/4個（約25g）
玉ねぎ……1/4個（約50g）
板湯葉（なければ乾燥湯葉3枚を分量外の湯でもどして細切りにする）……75g
塩……ひとつまみ
しょうゆ……大さじ1/2
こしょう……少々
ごま油……大さじ1

作り方
1 ゴーヤは種とワタを外し、2mm厚さの半月切りに、種とワタはざく切りにする。苦みが気になる場合は、切ったあとに塩ひとつまみ（分量外）をふってよくもみ、水にさらしてから使う。パプリカはヘタを外して種ごと4mm幅の細切り、玉ねぎは3mm厚さのくし形切りにする。板湯葉は細切りにする。
2 フライパンに1の玉ねぎ、塩、ごま油を入れて中火で炒める。玉ねぎに火が通ったら、1のゴーヤの種とワタを加えてさらに炒める。
3 全体がなじんだら、1のゴーヤ、パプリカを加えてさらに炒める。全体に火が通ったら、板湯葉、しょうゆ、こしょうを加えて混ぜ、味をととのえる。

副菜 わかめとミニトマトの酢のもの

わかめとトマトは意外と好相性。ミニトマトの酸味に加えて、まろやかな米酢と塩味の強い梅酢の2種類を合わせます。

材料（2人分）
乾燥わかめ……10g
ミニトマト……4個
水……300ml
A［ しょうゆ……小さじ1/2
　　米酢……小さじ1
　　梅酢……小さじ1/2 ］

作り方
1 分量の水でわかめをもどし、ひと口大に切る（もどし汁はとっておく）。ミニトマトは4等分に切る。
2 ボウルに1のトマトとAを入れ、混ぜ合わせる。1のわかめを加えて混ぜ、器に盛る。

ゴーヤチャンプル

わかめとミニトマトの
酢のもの

きゅうりの冷やし汁

汁もの きゅうりの冷やし汁

きゅうりの冷やし汁は、暑い夏をのりきるブラウンズフィールドの定番メニュー。青じその香りが食欲をそそります。

材料（2人分）
きゅうり……1本（約100g）
青じそ……2枚
白いりごま……大さじ1
乾燥わかめのもどし汁（わかめとミニトマトの酢
　のものでとっておいたもの。または、だし汁）
　……300ml
しょうゆ……大さじ1

作り方
1　きゅうりは1mm厚さの輪切りにする。青じそ
　はせん切りにする。
2　すり鉢でごまをすり、わかめのもどし汁、しょ
　うゆを加えて混ぜる。1を加えて混ぜ、冷蔵庫
　で30分ほど冷やして食べる。

Summer 夏のプレート ….5….

クスクスとラタトゥイユのプレート

世界最小のパスタといわれるクスクスが主役に。
クスクスには、玉ねぎやとうもろこしを加えて
しょうゆで味つけしているので、そのままでもおいしい。
おかずと混ぜていろいろな味を楽しんでください。

ラタトゥイユ

ポテトサラダ

とうもろこしの
クスクス

主菜 とうもろこしのクスクス

とうもろこしのプチプチとした食感が絶妙なクスクス。とうもろこしがなければ、玉ねぎだけでも構いません。

材料（2人分）
- クスクス……1/2カップ
- とうもろこし（生）……1/3本（正味・約60g）
- 玉ねぎ……1/4個（約50g）
- 塩……ひとつまみ
- オリーブオイル……大さじ1
- 水……200ml
- しょうゆ……大さじ1/2

作り方
1. とうもろこしは、実を包丁でそぎ取る。玉ねぎはみじん切りにする。
2. 鍋に**1**の玉ねぎ、塩、オリーブオイルを入れて中火にかけ、よく炒める。玉ねぎが色づいたら、クスクス、**1**のとうもろこしを加えてさらに炒める。1分ほど炒めたら、水、しょうゆを加えて、汁けがなくなるまでよく混ぜる。水分が十分にとんだら火を止め、ふたをして10分ほど蒸らす。

主菜 ラタトゥイユ

クスクスに合うようあっさりとした一品に。少しの水分でじっくりと蒸し煮にし、野菜の甘みと水分を引き出します。

材料（2人分）
- 玉ねぎ……1/2個（約100g）
- トマト……1個（約150g）
- なす……1/3本（約30g）
- かぼちゃ……60g
- A
  - 塩……小さじ1/2
  - 水………大さじ2
  - ドライバジル……小さじ1/4
  - オレガノ……少々
- オリーブオイル……大さじ1

作り方
1. 玉ねぎは6mm厚さのくし形切り、トマトはヘタをみじん切りにし、実は乱切り、なすは8mm厚さの輪切り、かぼちゃは5mm厚さの薄切りにする。
2. 鍋に**1**の材料を上から順番に入れ、Aを加え、ふたをして弱火にかける。10〜15分煮て野菜が柔らかくなったら器に盛り、オリーブオイルを回しかけ、バジル適量（分量外）を飾る。

副菜 ポテトサラダ

菜種油と塩、こしょうだけで味つけしたポテトサラダ。素材の味と食感をシンプルに味わえるレシピです。

材料（2〜3人分）
- じゃがいも……2個（約240g）
- 水……100ml
- 玉ねぎ……1/4個（約50g）
- きゅうり……1/2本（約50g）
- 塩……小さじ1/4
- 菜種油……大さじ1
- こしょう……少々

作り方
1. じゃがいもは2cm角に切る。玉ねぎはみじん切り、きゅうりは1mm厚さの薄切りにする。
2. 鍋にじゃがいもと水を入れて火にかけ、じゃがいもが柔らかくなるまでふたをしてゆでる。
3. ボウルに**1**の玉ねぎ、きゅうり、塩を入れて手でもむ（出てきた汁も残しておく）。
4. **2**のじゃがいもが柔らかくなったら、へらでかき混ぜながら水分をとばし、マッシャーで軽くつぶす。**3**を加えて水分をさらにとばし、火から下ろし、菜種油とこしょうを加えて味をととのえる。しっかりと冷ましてから食べる。

夏の一品料理

きゅうりやピーマン、パプリカ、いんげんなど、夏野菜をふんだんに使っています。
スパイスや酢をきかせて暑い夏でも食べやすく。油を使ったものが多いのも、夏ならではです。

主菜 玄米入り生春巻き

生春巻きは、玄米を加えてボリュームアップ。
2種の自家製ソースで、味の違いを楽しみます。

材料（4本分）

- きゅうり……1/2本（約50g）
- にんじん……3cm（約30g）
- にら……少々（約10g）
- 青じそ……4枚
- 玄米ごはん……約100g
- 生春巻きの皮……4枚
- 塩……ひとつまみ
- ＜スイートトマトチリソース＞
- A
  - 米酢、水……各50ml
  - てんさい糖……1/4カップ
  - ミニトマト（みじん切り）……3個分
- B
  - 赤唐辛子（小口切り）……1本分
  - にんにく（すりおろし）……1片分
  - くず粉……小さじ1（大さじ1の水で溶く）
- ＜白ごまソース＞
  - 白いりごま……大さじ1
  - 白練りごま……大さじ2
  - 水……大さじ1
  - しょうゆ……大さじ1
  - にんにく（すりおろし）……少々

作り方

1. ソース2種を作る。スイートトマトチリソースは、小鍋にAを入れて火にかけ、沸いたらBを加えて混ぜる。白ごまソースは、すり鉢に白ごまを入れて軽くする。残りの材料を加えて、さらにすり混ぜる。
2. きゅうり、にんじんはせん切りにして、にんじんは分量の塩でもむ。にらは3等分に切る。
3. 生春巻きの皮を湯適量（分量外）でもどし、青じそ1枚と玄米ごはん、2のそれぞれ1/4量をのせて巻く。残りも同様に巻く。器に盛り、1を添える。

副菜 かぼちゃサラダ

秋のものと思われがちなかぼちゃは、実は夏も旬。
シナモンをきかせて、あっさりサラダにしました。

材料（2〜3人分）
かぼちゃ……250g
玉ねぎ……1/4個（約50g）
レーズン……大さじ2
水……50ml
塩……小さじ1/4
シナモンパウダー……少々

作り方
1. かぼちゃは2cm角に切る。玉ねぎはみじん切りにする。
2. ボウルに1の玉ねぎと塩を入れ、手でもむ（出てきた水分もとっておく）。
3. 鍋に1のかぼちゃ、レーズン、分量の水を入れ、ふたをして中火にかける。沸いたら弱火にして4〜5分煮、かぼちゃが柔らかくなったら、へらで混ぜながら水分をとばす。
4. 2に3を加えてマッシャーでつぶし、シナモンパウダーを加える。

副菜 みょうがの梅酢漬け

日もちもよく、箸休めにも最適なみょうがの梅酢漬け。
ごはんに混ぜたり、あえものに加えるのもおすすめ。

材料（作りやすい分量）
みょうが……3個（約50g）
紅梅酢……大さじ3

作り方
1. みょうがは斜め薄切りにする。
2. 保存容器などに1を入れ、梅酢を加えてひと晩おく。

＊冷蔵庫で1カ月ほど保存可能。

主菜 スタッフドピーマン

ピーマンに高野豆腐と玄米を詰めた肉詰め風。
しっかり下味で、そのままでもおいしく食べられます。

材料（4個分）

- ピーマン……2個（約70g）
- 玉ねぎ……1/4個（約50g）
- 高野豆腐……1枚
- 湯……大さじ2
- 玄米ごはん……約30g
- しょうゆ……小さじ1
- 塩……ひとつまみ
- こしょう……少々
- 片栗粉……大さじ1/2
- 菜種油……小さじ2

作り方

1. 高野豆腐は分量の湯でもどし、ミキサー（またはフードプロセッサー）で細かくする。ピーマンは半分に切り、種とワタはみじん切りにする。玉ねぎはみじん切りにする。
2. フライパンに1の玉ねぎと菜種油を入れて中火で炒める。玉ねぎに火が通ったら、塩を加えてさらに炒め、1の高野豆腐、ピーマンの種とワタを加えてさらに炒める。しょうゆ、こしょうで味をととのえる。
3. 2に玄米ごはんを加えてよく混ぜる。1のピーマンに詰め、具の表面に片栗粉をまぶす。
4. フライパンに菜種油適量（分量外）をひき、ピーマンの面を下にして3を並べ中火にかける。ピーマンに焦げ目がついたら返し、水大さじ2（分量外）を加えてふたをする。そのまま弱火で5分ほど蒸し焼きにする。
5. 再び返し、両面に焼き色がついたら好みでしょうゆ適量（分量外）を回し入れる。

主菜 夏野菜の素揚げバルサミコ絡め

夏野菜を揚げてバルサミコ酢を絡めるだけ。
甘酸っぱいアプリコットジャムがポイントです。

材料（2～3人分）
パプリカ（黄）……1/2個（約60g）
なす……1/2本（約45g）
オクラ……2本（約25g）
さやいんげん……3本（約15g）
トマト……1/2個（約75g）
A ┌ バルサミコ酢……大さじ1/2
　├ アプリコットジャム……小さじ1
　└ にんにくじょうゆ（p.18参照）
　　　……小さじ1/2
揚げ油……適量

作り方
1　パプリカはヘタを取って種ごと乱切りにする。なすは1cm厚さの輪切り、オクラは縦半分、いんげんは筋を取って3等分、トマトは乱切りにする。
2　ボウルにAを合わせ、1のトマトを加える。
3　揚げ油を中温（約170℃）に熱し、1の残りの野菜を素揚げにする。2に加えてなじませ、粗熱を取ってから食べる。

副菜 ガーリックフライドポテト

こしょうやにんにくをきかせてパンチのある味わいに。
ドライバジルで爽やかな香りもプラスしました。

材料（2人分）
じゃがいも……1と1/2個（約180g）
さやいんげん……4本（約20g）
にんにく……1/2片
A ┌ 塩……少々
　├ こしょう……少々
　└ ドライバジル（または好みのハーブ）……少々
揚げ油……適量

作り方
1　じゃがいもは皮ごと細長いくし形に切る。いんげんは筋を取って3等分にする。
2　蒸気の上がった蒸し器に1のじゃがいもを入れ、すっと竹串が通るまで蒸し、ざるに上げて水けをよくきる。
3　揚げ油を高温（約180℃）に熱し、1のいんげんを入れて2分ほど揚げて取り出す。続いて2を揚げる。全体がぶくっとふくれて外側がきつね色になったら取り出し、にんにくの切り口をこすりつける。
4　3にAをふりかける。

副菜 じゃがみそ

じっくりと蒸し煮にしたじゃがみそは、ホッとする甘さ。
じゃがいもの角がなくなるくらい、しっかり火を通して。

材料（2人分）
じゃがいも……1個（約120g）
とうもろこし（生）
　……2/3本（正味・約60g）
にんにく（みじん切り）……1/2片分
みそ……大さじ1
水……150ml
ごま油……大さじ1/2

作り方
1　じゃがいもは小さめの乱切りにする。
2　鍋に1、にんにく、ごま油を入れて中火で炒める。にんにくの香りがしてきたら、とうもろこし、みそ、水を加えてふたをする。沸いたら弱火にして4～5分煮て、じゃがいもが柔らかくなったら、へらで混ぜながら水分をとばす。

副菜 ししとう炒め

ししとうを炒めてしょうゆだけで味つけ。
ピーマンで作ってもおいしい。

材料（2人分）
ししとう……20本（約100g）
ごま油……大さじ1/2
しょうゆ……小さじ1と1/2

作り方
1　ししとうは5mm厚さの輪切りにする。
2　フライパンに1、ごま油を入れて中火で炒める。ししとうがしんなりとしたら、しょうゆを加えていりつける。

ごはん 梅ごはん

玄米をさっぱり食べたいときにおすすめの混ぜごはん。
梅や青じそ、ゆかりなど、夏にうれしい食材をたっぷりと。

材料（2膳分）

玄米ごはん……茶碗2膳分（約240g）
梅干し……1個
青じそ……2枚
白いりごま……大さじ1
ゆかり……小さじ1/2
米酢……小さじ1
梅じょうゆ（右記参照）……小さじ1/2

作り方

1. 梅干しは種を除いて包丁でたたく。青じそは飾り用に少量をせん切りにし、残りは粗みじんに切る。
2. ボウルに玄米ごはん、1の梅干し、青じそ、白ごま、ゆかりを加えて混ぜる。
3. 別のボウルに米酢と梅じょうゆを入れてよく混ぜ、2に合わせる。軽く混ぜ合わせて器に盛り、せん切りにした青じそを飾る。

梅じょうゆ

材料（でき上がり50ml分）

梅干しの種……5個
しょうゆ……50ml

作り方

清潔な瓶に、梅干しの種としょうゆを入れてひと晩おく。

＊梅のエキスがしみ出たしょうゆは、調味料やドレッシングとして重宝する。炊きたてのごはんにかけるだけでもおいしい。

主菜 にらチヂミ

にらだけのシンプルなチヂミは、つけだれがポイント。
コクのあるごまねぎだれに、思わず箸が進みます。

材料（2枚分）

にら……1/2束（約35g）
A ┌ 地粉……3/4カップ（約75g）
　├ 片栗粉……大さじ3
　└ 塩……小さじ1/4
水……100ml
菜種油……適量
＜ごまねぎだれ＞
　長ねぎ（みじん切り）……20cm（約60g）
　しょうが（みじん切り）……5g
　だし汁（p.12参照）、しょうゆ……各大さじ3
　豆乳マヨネーズ（p.14参照）……大さじ2
　白いりごま……大さじ1
　ごま油……大さじ1

作り方

1 たれを作る。小鍋にごま油、長ねぎ、しょうがを入れて弱火で炒める。長ねぎに油が回ってしんなりしたら、残りの材料を加えて混ぜる。
2 にらは3～4cmのざく切りにする。
3 ボウルにAを入れてよく混ぜる。水を加えてさらに混ぜ、2を加えて軽く混ぜる。
4 フライパンに菜種油をひき、3を流し入れて中火にかける。ふたをして2分ほど焼き、裏返してさらに2分ほど焼く。
5 食べやすい大きさに切って器に盛り、1を添える。

＊ごまねぎだれのほかに、酢じょうゆや、ラー油をつけてもおいしい。

夏の調味料とソース

青じそがふわりと香る、しそみそは、玄米ごはんにのせるだけでごちそうに。
この時期旬のバジルはペーストに。松の実の代わりにカシューナッツで作ります。

しそみそ

材料（作りやすい分量）
青じそ……15枚（約10g）
みそ……30g

作り方
1 青じそはみじん切りにする。
2 まな板に1とみそをのせ、包丁でたたいて混ぜ合わせる。清潔な保存容器に入れる。

＊冷蔵庫で2週間ほど保存可能。
＊炊きたてのごはんにのせたり、おにぎりの具に。焼きものに添えてもおいしい。

バジルペースト

材料（作りやすい分量）
バジルの葉……30g
オリーブオイル……100ml
カシューナッツ……30g
塩……小さじ1/2

作り方
ミキサー（またはフードプロセッサー）にすべての材料を入れて攪拌し、清潔な保存容器に入れる。

＊冷蔵庫で2週間ほど保存可能。ただし、色が変わるので早めに使いきるか冷凍保存するとよい。
＊パスタとあえるほか、焼きものや揚げもののソースにしてもおいしい。

秋のレシピ

Fall

　豊かな実りの季節です。この季節になると、スタッフそろって長靴に麦わら帽子、片手には昨年のワラ、片手には鎌といったいでたちで毎日田んぼに向かうのが日課になります。しっかりと分けつ(ぶんけつ)(茎の根に近い節から新しい茎が発生すること)させた稲をザックザックと刈り取る瞬間は、なんともいえない喜びと充実感です。そして、刈った束を昨年のワラで束ね、小田がけにして天日干しする様は圧巻。稲の壁はまさに芸術です。

　さらに、落花生やうり、豆、いも類も収穫期を迎えます(とくに、落花生は千葉県の名産品。とれたての落花生を使ったゆでピーナッツは絶品!)。ほかにも、柿や栗、ゆずやかぼす、ぎんなん、きのこなど自然の恵みがいっぱい。そんな実り多い秋の野菜をふんだんに使ったレシピは、和洋中とバリエーションも豊富。少しずつ体を温めるメニューが増えてきます。夏にほったらかしておいたしそが実をつけるのもこの時期。摘んだ穂じそをしょうゆ漬けにして食べるのも定番です。

Fall 秋のプレート……1……

野菜ビビンパは、ぜいたくに5種のナムルを用意。
少しずつ味つけが違うので、いろいろな味を楽しめます。
かぶの浅漬け、野菜たっぷりのけんちん汁で、
秋らしい見た目も華やかなプレートに仕上がりました。

秋のビビンパプレート

かぶとしょうがの浅漬け
…p.56

秋の和風ビビンパ

けんちん汁
…p.56

主菜 秋の和風ビビンパ

4種類のナムルと揚げかぼちゃをのせた、野菜たっぷりのビビンパ。よく混ぜてモリモリと食べてください。

材料（2人分）

＜きのこのナムル＞
- きのこ（しいたけ、えのきたけなど好みのものを合わせて）……100g
- にんにくじょうゆ（p.18参照）……大さじ1/2
- ごま油……大さじ1/2

＜揚げかぼちゃ＞
- かぼちゃ……約50g
- 塩……ひとつまみ
- 揚げ油……適量

＜にんじんのナムル＞
- にんじん……4cm（約40g）
- 塩……ひとつまみ
- 白いりごま……大さじ1/2
- ごま油……大さじ1/2

＜切り干し大根のナムル＞
- 切り干し大根……10g
- りんごジュース……大さじ1
- 梅酢……小さじ1/2

＜かぶの葉のナムル＞
- かぶの葉……約30g
- 焼きのり……1/4枚
- しょうが（せん切り）……少々
- 赤唐辛子（小口切り）……少々
- ごま油……大さじ1/2
- しょうゆ……小さじ1

紅しょうが（右記参照）……適量
温かい玄米ごはん……どんぶり2杯分（約360g）

＜たれ＞
- しょうゆ……大さじ2
- にんにく（すりおろし）……1/2片分
- しょうが（すりおろし）……少々
- てんさい糖……大さじ1/2
- 米酢……大さじ1/2
- 赤唐辛子（小口切り）……少々
- だし汁（p.12参照、または水）……大さじ2
- 黒いりごま……大さじ1

作り方

1. きのこのナムルを作る。きのこはなるべく細長い形にそろえて切り（または手で裂く）、フライパンに入れる。ごま油を加えて中火で炒め、しんなりとしたら、にんにくじょうゆを加える。
2. 揚げかぼちゃを作る。かぼちゃは薄切りにして素揚げにし、塩をふる。
3. にんじんのナムルを作る。にんじんはせん切りにして、塩をふってよくもむ。フライパンを熱してにんじんをからいりし、半ずりにした白ごま、ごま油と合わせる。
4. 切り干し大根のナムルを作る。ボウルにりんごジュースと梅酢を合わせ、切り干し大根を加える。そのまましばらくおき、切り干し大根をもどす。
5. かぶの葉のナムルを作る。かぶの葉は2～3cmのざく切りにする。焼きのりは細かくちぎる。鍋にごま油、しょうが、赤唐辛子を入れ、中火にかけて煮立てる。かぶの葉、のり、しょうゆを加え混ぜる。
6. たれを作る。黒ごまはすり鉢でする。鍋に黒ごま以外の材料を入れてひと煮立ちさせ、すり鉢に加えて混ぜる。
7. 器に玄米ごはんを盛り、1～5、紅しょうがをのせ、たれを添える。

紅しょうが

材料（作りやすい分量）
- 新しょうが……50g
- 塩……小さじ1
- 米酢、紅梅酢……各大さじ1
- てんさい糖……大さじ1/2

作り方

1. しょうがはピーラーなどで薄切りにして分量の塩でよくもみ、そのまま30分ほどおく。水洗いしてざるに上げ、5分ほどゆでて水けをきる。
2. 鍋に1と残りの材料を入れて火にかけ、水分がなくなるまで煮つめる。

＊冷蔵庫で1週間ほど保存可能。

秋のプレート
・・・1・・・
秋のビビンパプレート

副菜 かぶとしょうがの浅漬け

どんなプレートにも合う、かぶとしょうがのあっさり味の浅漬け。どちらも薄く細く切って、よくもみます。

材料（作りやすい分量）
かぶ……小2個（約100g）
昆布（5cm角）……1枚
しょうが（せん切り）……少々
塩……小さじ1/4

作り方
1 かぶは細い根がついていればよく洗い、みじん切りに、実は薄いいちょう切りにする。昆布は、はさみで細かく切る。
2 ボウルにすべての材料を入れ、かぶと昆布がしんなりとするまでよくもむ。
＊冷蔵庫で2〜3日保存可能。

汁もの けんちん汁

里いもの自然なとろみがおいしいけんちん汁。具材は少し細めに切ると火の通りもよく、食べたときに一体感が出ます。

材料（2人分）
ごぼう……6〜7cm（約20g）
にんじん……2cm（約20g）
里いも……1個（約50g）
かぶの葉……約20g
こんにゃく……1/4枚（50g）
干ししいたけ……1枚
水……500ml
しょうゆ……大さじ1と1/2
長ねぎ（小口切り）……適量
ごま油……小さじ1

作り方
1 ごぼうは細めのささがき、にんじんはせん切り、里いもは5mm厚さの輪切り、かぶの葉は1cmのざく切り、こんにゃくは下処理をして（p.14のこんにゃくカツ参照）小さめの乱切りにする。干ししいたけは分量の水でもどし、薄切りにする（もどし汁はとっておく）。
2 鍋に1のごぼう、にんじん、里いも、こんにゃく、しいたけ、ごま油を入れて中火で炒める。油が回ったら1のもどし汁を加え、ふたをして弱火で煮る。
3 里いもにすっと竹串が通ったら、1のかぶの葉、しょうゆを加えて味をととのえる。器に盛り、長ねぎをのせる。

中国風スープ
…p.59

春雨サラダ
…p.59

車麩の角煮パオ
…p.58

Fall 秋のプレート
····2····

ボリューム満点のパオは、生地も手作りですが、
地粉を混ぜて蒸すだけと簡単。
甘辛く煮た車麩と文句なしの組み合わせです。
春雨サラダとスープで、中国風の一皿に。

車麩角煮パオのプレート

春のプレート
....2....
車麩角煮パオのプレート

主菜　車麩の角煮パオ

モチモチとした食感のパオは、冷めてもおいしい。まるでお肉のような食感と食べごたえの車麩によく合います。

材料（2人分）
車麩……2枚（約20g）
サラダ菜、春菊（または好みの青菜）……適量
A [しょうが（すりおろし）……1/2片分
　　しょうゆ……大さじ1と1/2
　　てんさい糖……大さじ1
　　水……200ml]
くず粉……小さじ1/2（大さじ1/2の水で溶く）
揚げ油……適量
＜パオ＞
　地粉……1カップ（約100g）
　てんさい糖……大さじ1
　ベーキングパウダー……小さじ1
　塩……ひとつまみ
　菜種油……大さじ1/2
　豆乳（または水）……大さじ3

作り方
1　パオを作る。ボウルに豆乳以外の材料を入れ、手ですり合わせる。豆乳を少しずつ加えて混ぜ、生地がまとまるまでよくこねる。

2　1を2等分してクッキングシートにのせ、縦13cm、横10cmくらいの楕円形にのばす。菜種油適量（分量外）を薄く塗り、半分に折りたたむ（写真）。蒸気の上がった蒸し器にクッキングシートごと入れ、10分ほど蒸す（蒸し器がせいろ以外の場合は、ふたをふきんなどで包み、パオに水滴が落ちないようにする）。

3　車麩は中温（約170℃）の揚げ油で素揚げにして3等分に切る。サラダ菜、春菊は食べやすい大きさに切る。

4　小鍋に3の車麩とAを入れて中火にかける。沸いたらふたをして弱火で10分ほど煮る。車麩が柔らかくなったら、水溶きくず粉を加えてとろみをつける。

5　2を開き（生地がくっついてしまった場合は包丁で切り込みを入れる）、3のサラダ菜と春菊、4をはさむ。

副菜 春雨サラダ

春雨と野菜にピーナッツを加えてほんのり酸味をプラス。油を使わないウォーターソテーであっさり仕上げます。

材料（2～3人分）
春雨（乾燥）……30g
しめじ（または好みのきのこ）……1/3袋
小松菜……1株（約50g）
水……150ml
A ┌ ピーナッツ……30g
　│ しょうが（すりおろし）……少々
　│ しょうゆ……大さじ1/2
　│ 米酢……小さじ1
　└ 赤唐辛子（小口切り）……少々

作り方
1 春雨ははさみで半分に切る。しめじは小房に分ける。小松菜は3cmのざく切りにする。Aのピーナッツは薄皮をむき、すり鉢で粗めにすりつぶす。
2 鍋に分量の水を入れて熱し、春雨、しめじ、小松菜の順に加えてウォーターソテーする。すべての材料に火が通り、水けがなくなったら火から下ろす。
3 ボウルにAを入れて混ぜ、**2**を加えて軽くあえる。

汁もの 中国風スープ

干ししいたけの旨みたっぷりのシンプルな中国風スープ。しょうがとごま油の風味を加えてしょうゆだけで味つけします。

材料（2人分）
A ┌ 干ししいたけ……1枚
　│ 乾燥わかめ……3g
　└ 水……400ml
長ねぎ……25cm（約100g）
しょうが（せん切り）……少々
しょうゆ……大さじ1
ごま油……大さじ1

作り方
1 長ねぎは1cm厚さの斜め切りにする。
2 ボウルにAを入れてしばらくおき、わかめと干ししいたけがもどったら、わかめは食べやすい大きさに、干ししいたけは薄切りにする（もどし汁はとっておく）。
3 小鍋に長ねぎ、しょうが、ごま油を入れ、中火で軽く炒める。**2**の具ともどし汁を加える。沸いたら、しょうゆを加えて味をととのえる。

Fall 秋のプレート ....3....

おからコロッケは、ブラウンズフィールドでも定番のメニュー。
玄米を加えることで、しっとり、もっちりとした食感になります。
かぼちゃを丸ごと使ったスープは、モチモチのニョッキが
食べごたえ満点。ほどよいとろみで体も温まります。

おからコロッケのプレート

かぼちゃのニョッキ入り
豆乳スープ

おからコロッケ
タルタルソース

主菜 おからコロッケ タルタルソース

もっちりとした食感の秘密は玄米ごはん。おからの軽さも加わって、いくつでも食べられそうなコロッケです。

材料（4個分）
おから……100g
玄米ごはん……50g
玉ねぎ（みじん切り）……1/2個分（約100g）
塩……小さじ1/2
こしょう……少々
地粉、水……各大さじ2
パン粉……1/4カップ強
菜種油……大さじ2
揚げ油……適量
<タルタルソース>
　玉ねぎ（みじん切り）……1/4個分（約50g）
　即席ピクルス（p.33参照、または市販のもの・みじん切り）……30g
　豆腐マヨネーズ（右記参照）……80g
　塩……小さじ1/4

作り方
1 タルタルソースを作る。ボウルに玉ねぎを入れて塩でもみ、残りの材料を加えて混ぜる。
2 フライパンに玉ねぎ、塩ひとつまみ（分量外）、菜種油を入れ、弱火で炒める。油が回って玉ねぎがしんなりしたら、分量の塩、こしょうで味をととのえる。
3 ボウルにおからと玄米ごはんを入れ、混ぜ合わせる。2を加えてよく混ぜ、4等分の俵形にする。
4 別のボウルに地粉と水を入れて混ぜ、これに3をくぐらせてパン粉をつける。
5 揚げ油を中温（約170℃）に熱し、4をきつね色になるまで揚げる。器に盛り、1をかけてイタリアンパセリ適量（分量外）を飾る。

豆腐マヨネーズ

材料（作りやすい分量）
木綿豆腐……1/2丁（約150g）
米酢、梅酢……各小さじ1
塩……小さじ1/4
こしょう……少々

作り方
ミキサー（またはフードプロセッサー）にすべての材料を入れてなめらかになるまで撹拌する。清潔な瓶に入れて冷蔵庫で3日ほど保存可能。

汁もの かぼちゃのニョッキ入り豆乳スープ

かぼちゃの身はニョッキに、皮はスープにと、かぼちゃずくめの一品。私が得意とする「もったいない」レシピです。

材料（2人分）
かぼちゃ……約70g
玉ねぎ……1/2個（約100g）
ローリエ……1枚
水……500ml
豆乳……50ml
塩……ふたつまみ
A ┌ 地粉……大さじ2
　├ 片栗粉……大さじ2
　└ 塩……ひとつまみ

作り方
1 かぼちゃは4cm角に切る。玉ねぎはみじん切りにする。ボウルにAを入れてよく混ぜる。
2 蒸し器に分量の水を沸かし、1のかぼちゃを柔らかくなるまで蒸す（蒸し器の湯はとっておく）。皮を外して身をつぶし（皮はとっておく）、1で合わせたAに少しずつ加えながら混ぜ、耳たぶくらいの固さになるまでよくこねる。直径2cmくらいの棒状にのばし、1.5cm長さに切る。
3 2をフォークの背で軽くつぶし、2の蒸し器の湯で3分ほどゆでて取り出す。残り湯に1の玉ねぎとローリエ、2でとっておいたかぼちゃの皮を加えて5分ほど煮る。
4 玉ねぎが柔らかくなったらローリエを取り出し、豆乳と塩を加えてミキサー（またはフードプロセッサー）にかける。鍋に移し、3のニョッキを加えて温める。

Fall 秋のプレート ....4....

ヘルシーな豆腐ステーキが主役のプレートです。あんには、えのきたけをたっぷり加えてとろり。ホクホクとした食感の甘さ控えめ大学いもに、しょうがががきいた青菜のおひたしを添えました。

豆腐ステーキのプレート

大学いも

青菜のおひたし

豆腐ステーキ

主菜　豆腐ステーキ

じっくり焼いた豆腐に、えのきたけのあんをたっぷりと。柔らかな食感ですが、食べごたえあります。

材料（2人分）
- 木綿豆腐……1/2丁（約150g）
- えのきたけ……1/4袋（約50ｇ）
- 地粉……大さじ1
- しょうゆ……大さじ1
- 水……100ml
- くず粉……小さじ2（大さじ1の水で溶く）
- ごま油……大さじ1/2
- 貝割れ大根……適量

作り方
1. 豆腐は縦に4等分にして地粉をまぶす。えのきたけは石づきを除いて4等分に切り、根元は細かく裂く。
2. フライパンにごま油を熱し、**1**の豆腐を焼く。両面に焼き色がついたらしょうゆ大さじ1/2を回し入れ、器に盛る。
3. 同じフライパンに**1**のえのきたけ、分量の水、しょうゆ大さじ1/2を入れて中火にかける。えのきたけに火が通ったら、水溶きくず粉を加えてとろみをつける。**2**の上にかけ、貝割れ大根を飾る。

副菜　青菜のおひたし

蒸しゆでにした小松菜をさっとあえた手軽な一品。ほうれん草や春菊、かぶの葉などでもおいしくできます。

材料（2人分）
- 小松菜……2株（約100g）
- 水……大さじ2
- 焼きのり……1枚
- しょうが（すりおろし）……少々
- しょうゆ……小さじ1
- 白いりごま……適量

作り方
1. 小松菜は3cmのざく切りにする。焼きのりは細かくちぎる。
2. 鍋に分量の水と**1**の小松菜を入れ、ふたをして中火にかける。沸いたら火を止め、**1**の焼きのり、しょうが、しょうゆを加え、混ぜる。器に盛り、白ごまをふる。

副菜　大学いも

さつまいもは、二度揚げすることで中までホクホク。甘さ控えめの味つけなので、プレートにも好相性です。

材料（2人分）
- さつまいも（乱切り）……小1本分（約120g）
- A ┌ てんさい糖……大さじ2
　　├ 水……小さじ1
　　└ 塩……ひとつまみ
- 黒いりごま……少々
- 揚げ油……適量

作り方
1. 揚げ油を低温（約160℃）に熱し、さつまいもを入れる。竹串がすっと通るまで5分ほど揚げ、取り出して冷ます。
2. 再び揚げ油を高温（約180℃）に熱し、**1**を入れる。表面がぶくっとふくれてこんがりするまで、30秒ほど揚げて取り出す。
3. **2**の鍋の油を除き、Aを入れて弱火にかける。かき混ぜながら砂糖を溶かし、**2**を加えて絡める。器に盛り、黒ごまをふる。

Fall 秋のプレート ....5....

枝豆の出盛りは夏だと思われがちですが、
ブラウンズフィールドでは秋に入ってから収穫します。
豆の甘さが引き立つ、ずんだあんのおはぎに、
豆乳みそ汁、白あえで、秋らしい一皿の完成です。

ずんだあんおはぎのプレート

豆乳みそ汁

柿と春菊の白あえ

紅しょうが
…p.55

ずんだあんおはぎ

主菜 ずんだあんおはぎ

この時期旬の枝豆をたっぷり使って、きれいな緑色のおはぎを作りました。豆本来の甘さが口いっぱいに広がります。

材料（6個分）
餅米入り玄米ごはん……約150g
枝豆（さやつき）……400g（正味・約180g）
カシューナッツ（生）……20g
A ┌ 豆乳……大さじ2
　├ てんさい糖……大さじ2
　└ 塩……小さじ1/4

作り方
1　すり鉢に餅米入り玄米ごはん（玄米に餅米を同量混ぜて炊く）を入れてすりこ木でたたき、6等分（1個約25g）にして丸める。
2　枝豆は柔らかくゆでてさやから出す。カシューナッツはみじん切りにする。
3　ミキサー（またはフードプロセッサー）に**2**と**A**を入れてなめらかになるまで攪拌し、6等分にする。水で濡らしたさらし（またはラップ）に広げ、**1**で丸めた玄米ごはんを包んで丸める。器に盛り、カシューナッツ適量（分量外）を飾る。

副菜 柿と春菊の白あえ

春菊と柿は意外な組み合わせですが、クセになるおいしさ。ほの苦さと、柿の上品な甘さがよく合います。

材料（2人分）
春菊……大1株（50g）
柿（固めのもの）……小1個（約120g）
A ┌ カシューナッツ（生）……20g
　├ 木綿豆腐……1/3丁（約100g）
　├ みそ……小さじ1/2
　├ しょうゆ……小さじ1/2
　└ 塩……ひとつまみ

作り方
1　柿は皮をむいて1cm角に切る。Aのカシューナッツはからいりしてからみじん切りにする。豆腐は重しをして20～30分水きりする。
2　鍋に水大さじ2（分量外）を沸かし、春菊を入れる。葉がしんなりとするまでさっと蒸しゆでにし、固く絞って5mm幅に刻む。
3　すり鉢にAを上から順に入れ、そのつどていねいにすり混ぜる。**1**の柿と**2**を加えてあえる。
＊すり鉢の代わりにミキサー（またはフードプロセッサー）で攪拌してもよい。

汁もの 豆乳みそ汁

いつものみそ汁に豆乳を少し加えるだけで、なめらかなコクのある味に。しいたけの旨みもきいています。

材料（2人分）
乾燥わかめ……少々
干ししいたけ……1枚
水……500ml
みそ……大さじ1
小松菜（または好みの青菜）……少々
豆乳……100ml

作り方
1　乾燥わかめ、干ししいたけは分量の水でもどし（もどし汁はとっておく）、わかめは食べやすい大きさ、干ししいたけは薄切りにする。小松菜は3cmのざく切りにする。
2　鍋に**1**の干ししいたけ、わかめ、もどし汁を入れて中火にかける。沸いたら火を弱め、みそを溶き入れる。**1**の小松菜と豆乳を加え、沸く直前で火を止める。

秋の一品料理

秋には、たくさんの野菜を収穫します。かぼちゃやさつまいも、ピーナッツや枝豆。どれも野菜そのものに甘みがあるので、それを生かし、優しい味わいに仕上げます。

主菜 茶碗蒸し

湯葉と豆乳でまろやかなコクを加えた茶碗蒸し。
寒天とくず粉のダブル使いで、なめらかに。

材料（2人分）

- 干ししいたけ……1枚
- 水……100ml
- にんじん（薄切り）……1枚
- 三つ葉（または好みの青菜）……少々
- 粉寒天……小さじ1
- くず粉……小さじ1
- A
  - 乾燥湯葉……3g
  - 豆乳……200ml
  - しょうゆ……小さじ2
- ぎんなん……少々

作り方

1. 干ししいたけは分量の水でもどし、薄切りにする（もどし汁はとっておく）。にんじんは花形に抜く。三つ葉は2cmのざく切り。Aの乾燥湯葉は適当な大きさに砕く。ぎんなんはからいりしてから殻をむく。
2. 鍋に**1**のしいたけのもどし汁の半量としいたけを入れ、中火にかける。沸いたら、**1**のにんじんと三つ葉をサッとゆでて取り出す。
3. ボウルに粉寒天とくず粉を入れ、残りのもどし汁でよく溶かし、**2**の鍋に加える。さらにAを加えて中火にかけ、沸く直前で火を止める。
4. 器にぎんなん、三つ葉を入れて**3**を流し入れ、にんじんと三つ葉適量（分量外）を飾る。常温に30分ほどおき、ほんのり温かいうちに食べる。

＊冷ましすぎると固くなるため、早めに食べるとよい。

副菜 さつまいもとりんごの煮もの

りんごの甘酸っぱさと、さつまいもの甘さが好相性。
じっくりと火を通してホクホクの食感に仕上げます。

材料（2人分）
- さつまいも……小1本（約150g）
- りんご……1/2個（約120g）
- 水……100ml
- レモンの搾り汁（または、夏みかんやみかんジュースなど）……大さじ1

作り方
1. さつまいもは8mm厚さの輪切りにする。りんごは小さめのいちょう切りにする。
2. 鍋にすべての材料を入れ、ふたをして中火にかける。沸騰したら弱火にして、さつまいもがほっくりと柔らかくなるまで10～15分煮る。

副菜 小豆かぼちゃ

昆布で旨みを、塩で甘さを引き出した、小豆かぼちゃ。
ホッとする優しい味で、この季節ならではのおいしさです。

材料（2～3人分）
- 小豆……1/2カップ
- かぼちゃ……約180g
- 昆布（2cm角）……1枚
- 塩……ふたつまみ
- 水……400ml

作り方
1. かぼちゃは種とワタを取り、5cm角に切る。ボウルに入れ、塩を加えてよくもむ。
2. 鍋に小豆、分量の水、昆布を入れて中火にかける。沸いたら弱火にしてふたをし、小豆が柔らかくなるまで30～50分煮る。かぼちゃを加え、柔らかくなるまでさらに10～15分煮る。水分が残っているようなら、強火にして、木べらでかき混ぜながらとばす。

主菜 秋野菜の
ジェノベーゼパイ包み

ザクザクとした食感のパイ生地に、秋野菜をたっぷり。
ジェノベーゼのコクが野菜とパイによく合います。

材料（4個分）

かぼちゃ……約30g
さつまいも……約30g
にんじん……3cm（約30g）
くるみ（生）……20g
にんにく（薄切り）……少々
＜パイ生地＞
　地粉……1カップ強（約120g）
　塩……ひとつまみ
　菜種油……大さじ3
　水……大さじ2
塩……ひとつまみ
オリーブオイル……小さじ1
水……50ml
しょうゆ……小さじ1/2
バジルペースト（p.51参照）……大さじ2

作り方

1 パイ生地を作る。ボウルに水以外の材料を入れ、手でよくすり合わせる。分量の水を少しずつ加えてひとまとまりになるまでこね、濡れぶきんをかけて置いておく。

2 かぼちゃ、さつまいも、にんじんは1cm角に切る。ボウルに入れ、塩を加えてもむ。

3 鍋にオリーブオイル、にんにく、**2**を入れて弱火にかける。油が回ったら、分量の水、しょうゆを加えて中火にする。沸いたら弱火にし、ふたをして5分ほど煮る。野菜が柔らかくなったらふたを外し、水分が残っていたら木べらで混ぜながら水分をとばす。

4 ボウルに**3**を入れ、からいりして粗みじん切りにしたくるみ、バジルペーストを加えて混ぜ合わせ、4等分にする。

5 **1**を4等分に分け、めん棒で直径12cmほどに丸くのばす。**4**をのせて二つに折り、フォークの背で端を留める。180℃に予熱したオーブンで20分ほど焼く（オーブントースターの場合は約10分）。

副菜 さつまいもサラダ

さつまいもに豆乳マヨとココナッツを加えて。
爽やかな香りとコクで、どこか新鮮な味わいです。

材料（2〜3人分）
さつまいも……1本（約200g）
塩……小さじ1/4
水……50ml
豆乳マヨネーズ（p.14参照）……大さじ2
ココナッツパウダー……大さじ1

作り方
1. さつまいもは1cm角に切る。鍋にさつまいもと塩を入れ、軽くもむ。そのまま中火にかけ、からいりする。分量の水を加えてふたをし、さつまいもが柔らかくなるまで煮る。
2. ボウルに1を取り出し、豆乳マヨネーズ、ココナッツパウダーを加えて混ぜる。

副菜 みそピーナッツ

じっくり炒めたピーナッツに、みそを絡めて。
甘辛い味とナッツの食感がクセになります。

材料（作りやすい分量）
ピーナッツ……50g
菜種油……小さじ2
みそ……大さじ3
てんさい糖……大さじ2

作り方
1. フライパンに菜種油を熱し、ピーナッツを炒める。
2. 油が回って全体の色が変わったら、みそ、てんさい糖を加えてさらに炒める。全体がなじんだら火から下ろし、粗熱を取る。

＊生ピーナッツでも作れる。その場合は、最初にじっくりと時間をかけて炒めるとよい。

ごはん 豆腐ときのこのみそおじや

優しい味のとろとろおじやは具材たっぷり。
朝ごはんや夜食のほか、風邪をひいたときにも。

材料（2人分）
なめこ……1パック（約100g）
木綿豆腐……1/3丁（約100g）
乾燥わかめ……2～3g
玄米ごはん……約100g
長ねぎ……適量
みそ……大さじ1
水……200ml

作り方
1. なめこはざるに入れてサッと洗う。豆腐は適当な大きさに手でちぎる。長ねぎは小口切りにする。
2. ボウルに乾燥わかめと分量の水を入れてもどし、適当な大きさに切る（もどし汁はとっておく）。
3. 鍋に2のもどし汁と玄米ごはん、1のなめこを入れて中火にかける。沸いたら弱火にしてふたをし、5分ほど煮る。1の豆腐を加え、みそで味をととのえる。器に盛り、1の長ねぎ、2のわかめを飾る。

副菜 里いもの姿揚げ

皮つきのまま、丸ごと揚げます。
青のりと塩をかけて、アツアツを召し上がれ。

材料（2人分）
里いも（小さめのもの）……7～8個（約200g）
青のり……少々
塩……ひとつまみ
揚げ油……適量

作り方
1. 里いもは金だわしなどでよく洗い、ざるに上げる。
2. 揚げ油を中温（約170℃）に熱し、1を入れる。箸で転がしながら里いもに竹串がスッと通るまで10～15分揚げる。油をきり、青のり、塩をふりかける。

主菜 八宝菜

野菜や厚揚げ、ナッツなど、具材たっぷりの八宝菜。
優しいとろみで、玄米ごはんとの相性もばっちりです。

材料（2〜3人分）
干ししいたけ……1枚
きくらげ……3g

A
- にんじん……2cm（約20g）
- 長ねぎ……10cm（約30g）
- しめじ……1/4パック（約30g）
- カシューナッツ（生）……10g

B
- チンゲンサイ……1株（約90g）
- 厚揚げ……1/4枚（約70g）
- しょうゆ……小さじ2
- 塩……小さじ1/4
- こしょう……少々
- 水……200ml

くず粉……小さじ1と1/2（大さじ2の水で溶く）
ごま油……大さじ1

作り方

1 干ししいたけ、きくらげは分量の水でもどし、干ししいたけは薄切りにする（もどし汁はとっておく）。

2 Aのにんじんは短冊切り、長ねぎは斜め薄切り、しめじは小房に分ける。Bのチンゲンサイは3cmのざく切り、厚揚げは油抜きをして短冊切りにする。

3 フライパンに1の干ししいたけときくらげ、A、ごま油を入れて中火で炒める。油が回ったら、1のもどし汁を加え、ふたをして弱火で煮る。にんじんが柔らかくなったら、Bを加えてさっと煮て、水溶きくず粉でとろみをつける。

ごはん きのこのライスサラダ

きのこや玉ねぎ、ルッコラに玄米を加えたライスサラダ。
ほどよい酸味の絶妙な味つけに、箸がどんどん進みます。

材料（2人分）

玄米ごはん……約100g

A
- エリンギ……大1本（約40g）
- しめじ……1/3パック（約40g）
- にんじん……1cm（約10g）
- にんにく（みじん切り）……1片分

玉ねぎ……1/4個（約50g）
ルッコラ……1〜2株
くるみ（生）……10g
しょうゆ……小さじ1
塩……ふたつまみ
こしょう……少々
バルサミコ酢……小さじ1
オリーブオイル……大さじ1

作り方

1. エリンギ、しめじは1cmの角切り、にんじん、玉ねぎはみじん切り、ルッコラは1cmのざく切り、くるみはからいりして粗みじん切りにする。
2. 鍋（またはフライパン）にAとオリーブオイルを入れて中火で炒める。にんじんが柔らかくなったらしょうゆを回し入れて火を止める。
3. ボウルに1の玉ねぎ、塩、こしょうを入れて混ぜる。1のルッコラとくるみ、2、玄米ごはんを加えて混ぜ、バルサミコ酢で味をととのえる。バジル適量（分量外）を飾る。

秋の調味料とソース

9月中旬から下旬にかけて収穫するしその実は、しょうゆに漬けるだけで立派な調味料に。
きのこたっぷりのペーストもいろいろアレンジできます。きのこはお好みのもので。

穂じそのしょうゆ漬け

材料（作りやすい分量）
穂じそ……大さじ3
しょうゆ……大さじ3

作り方
1 穂じそは洗い、ざるに上げる。さらし（または厚手のペーパータオル）に包み、上から軽くたたいて水けをしっかりとふき取る。
2 清潔な瓶に入れてしょうゆを注ぎ、ひと晩おく。

* しょうゆに、酒、みりん、だし汁などを加えてもおいしい。
* 炊きたてのごはんはもちろん、混ぜごはんやおむすび、あえものにも使える。

きのこペースト

材料（作りやすい分量）
生しいたけ、エリンギ、しめじなど、
　好みのきのこ（合わせて）……約250g
にんにく（薄切り）……1片分
菜種油……大さじ2
塩……小さじ1/2
しょうゆ……小さじ2

作り方
1 しいたけは薄切りにする（ほかのきのこ類は小房に分ける、または手で裂く）。
2 フライパンに1とにんにく、菜種油を入れ、中火で炒める。油が回ってしいたけに火が通ったら、塩、しょうゆを加えて味をととのえる。フードプロセッサーに移し、ペースト状にする。

* 油は、ごま油やオリーブオイルでもよい。
* 冷蔵庫で5日ほど保存可能。冷凍保存も可。
* カレーやシチュー、ホワイトソースの隠し味に。また、スパゲッティのソースやディップに使ってもおいしい。

冬のレシピ

Winter

　毎朝霜が降り、霜柱は5cm以上なんていうことも。家の中でもコートが脱げないほど寒い日が続きますが、みそ作り、しょうゆ搾りなど、調味料を仕込む大切な季節です。

　ブラウンズフィールドの周辺には加工所が各地域ごとにあり、大量のみそ仕込みもそこで行います。同じ場所で同じ器具を使って仕込みますが、使う豆や塩の質と量、麹に使う米、水、そして、寝かせる場所の温度や湿度によって、でき上がりの味が全然違います。まさに、発酵食品の醍醐味ですね。私たちも毎年、地元のおばあちゃんたちに交じって麹から100kgものみそを仕込みます。うちでとれたお米で作る麹は格別。麹を作るところから携われる田舎暮らしは最高です。そのうち、大豆も自家製のものでみそを仕込むのが目標です。

　冬には、そんな自慢のみそを使った料理や、体を温める根菜を使い、しっかり火を通した煮込み料理やオーブン料理を盛り込みました。体の芯から温まってください。

Winter 冬のプレート ....1....

寒い冬に食べたくなるのは、やっぱりシチューです。
ここでは、ホワイトソースと相性のよい白菜を使って。
野菜の甘みに、豆乳の優しい味が加わります。
副菜には蒸し野菜。2種のディップでいただきます。

クリームシチューと蒸し野菜のプレート

蒸し野菜
…p.78

にんじん豆腐ディップ

バジル豆腐ディップ

白菜のクリームシチュー

ごぼうのみそ漬け

主菜 白菜のクリームシチュー

野菜だけとは思えない濃厚な味。地粉をしっかり炒めてから水分を加えることでだまになりにくく、まろやかな舌触りに。

材料（2人分）
玉ねぎ……1/4個（約50g）
白菜……2枚（約100 g）
えのきたけ……1/8袋（約20g）
ローリエ……1枚
塩……適量
地粉……大さじ2
蒸し野菜の蒸し汁（または水）……200ml
豆乳……150ml
菜種油……大さじ1

作り方
1 玉ねぎは薄切り、白菜、えのきたけは3～4cmのざく切りにする。
2 鍋に玉ねぎと菜種油を入れ、弱火でじっくり炒める。玉ねぎがしんなりとしたら、白菜、えのきたけ、ローリエ、塩ひとつまみを加えてさらに炒める。全体に油が回ったら、蒸し野菜の蒸し汁100mlを加えて5分ほど蒸し煮にする。
3 2の白菜が柔らかくなったら地粉をふるい入れ、しっかり炒め合わせる。残りの蒸し汁を少しずつ加えてのばし、豆乳、塩ふたつまみを加えて味をととのえる。

副菜 ごぼうのみそ漬け

ごぼうの下処理は必要なく、みそに漬けるだけ。3日もすれば、みそがごぼうにしみ込んでおいしく食べられます。

材料（2人分）
ごぼう……1/6本（約50g）
みそ……適量

作り方
1 ごぼうは太ければ縦半分に切り、保存容器の大きさに合わせて適当な長さに切る。
2 保存容器に1を並べ、ごぼうが隠れるようにみそを入れて表面をならし、冷蔵庫で保存する。3日目以降からおいしく食べられる。
＊冷蔵庫で3カ月ほど保存可能。
＊みそ床で、もう一度ごぼうを漬けることもできる。その場合は、一度目よりも少し長めに漬けるとよい。

冬のプレート
1
クリームシチューと蒸し野菜のプレート

副菜 蒸し野菜

2種の豆腐ディップを添えた蒸し野菜は、それだけでも十分なごちそう。かぶやごぼうなどお好みの野菜でどうぞ。

材料（2人分）
ブロッコリー……1/4個（約75g）
にんじん……1/3本（約50g）
さつまいも……1/2本（約100g）
塩……少々
＜バジル豆腐ディップ＞
　木綿豆腐……1/2丁（約150g）
　バジルペースト（p.51参照）……大さじ1
　白練りごま……大さじ1
　しょうゆ……小さじ1
＜にんじん豆腐ディップ＞
　木綿豆腐……1/2丁（約150g）
　にんじん……1/3本（約50g）
　塩……ふたつまみ
　りんごジュース（果汁100％）……50ml

作り方

1. バジル豆腐ディップを作る。豆腐は重しをのせて20～30分水きりする。ミキサー（またはフードプロセッサー）にすべての材料を入れ、なめらかになるまで攪拌する（または、すり鉢でなめらかになるまですり混ぜる）。

2. にんじん豆腐ディップを作る。にんじんは粗みじん切りにして、ひとつまみの塩を加えてよくもみ、小鍋に入れて中火でからいりする。水分がとんだら、りんごジュースを加えて煮る。ミキサー（またはフードプロセッサー）に入れ、1と同様に水きりした豆腐、残りの塩を加えてなめらかになるまで攪拌する。

3. ブロッコリーは小房に分け、芯は1cm厚さの輪切りにする。にんじんは1cm厚さの斜め切り、さつまいもは乱切りにする。それぞれボウルに入れ、塩をふる。

4. 蒸気の上がった蒸し器に3のにんじんとさつまいもを入れ、8分ほど蒸す。ブロッコリーを加えてさらに5分ほど蒸す。器に盛り、1、2を添える。

Winter 冬のプレート
····2····

天丼と白菜とゆずの浅漬けプレート

ボリューム満点の野菜たっぷりの天丼ですが、さすがは、野菜。思ったよりもあっさりとして、胃もたれ知らずのうれしいプレートです。あっさり味のスープと浅漬けを添えました。

白菜と水菜の
ハリハリスープ
…p.81

天丼…p.80

白菜とゆずの浅漬け
…p.81

冬のプレート
····2····

天丼と白菜とゆずの浅漬けプレート

主菜　天丼

とりどり野菜の天丼は、野菜の持ち味を生かして少なめの衣でカリッと仕上げました。ごはんたっぷりで食べます。

材料（2人分）

れんこん……1/2節（約50g）
さつまいも……4cm（約50g）
ブロッコリー……1/8個（約30g）
玉ねぎ……1/4個（約50g）
にんじん……3cm（約30g）
焼きのり……1/4枚
A ┌ 地粉……1/2カップ（約50g）
　│ 水……100ml
　└ 塩……小さじ1/2
温かい玄米ごはん……どんぶり2杯分（約360g）
大根おろし……適量
揚げ油……適量
＜天つゆ＞
　だし汁……100ml
　しょうゆ……大さじ2
　てんさい糖……大さじ1

作り方

1　れんこん、さつまいもは1cm厚さの輪切り、ブロッコリーは小房に分け、芯はせん切り、玉ねぎは薄切り、にんじんはせん切りにする。のりは半分に切る。
2　ボウルにAを合わせて混ぜ、衣を作る。
3　揚げ油を高温（約180℃）に熱し、**1**のれんこん、さつまいも、ブロッコリーに**2**の衣をつけて3〜4分揚げる。さらに**1**の玉ねぎとにんじん、ブロッコリーの芯をボウルに残った衣に混ぜて4等分し、3分ほど揚げる。最後にのりで**2**の残りの衣をふき取り、20秒ほどさっと揚げる。
4　小鍋に天つゆの材料を入れて中火にかけ、ひと煮立ちさせる。
5　器に玄米ごはんを盛り、**3**と大根おろしをのせ、**4**を添える。

副菜 白菜とゆずの浅漬け

白菜もゆずも冬ならではの素材。一緒に軽く塩もみしただけの、ごくごくシンプルな浅漬けです。

材料（2人分）
白菜……大1枚（約75g）
ゆずの皮（せん切り）……少々
塩……ふたつまみ

作り方
1 白菜は繊維を断ち切るように8mm幅の細切りにする。
2 ボウルに1とゆずの皮を入れ、塩をふってよくもむ。しんなりとしたら皿などをのせ、10分ほどおく。
3 2の水けをしっかりと絞り、器に盛る。
＊絞った汁は捨てずに「白菜と水菜のハリハリスープ」に加えてもおいしい。

汁物 白菜と水菜のハリハリスープ

ゆずこしょうの香りとピリッとした辛みは汁ものにもぴったり。水菜のシャキシャキとした食感もおいしい。

材料（2人分）
白菜……1/2枚（約30g）
水菜……1株（約40g）
干ししいたけ……1枚
水……300ml
A［
　しょうゆ……小さじ1/2
　ゆずこしょう……小さじ1/4
　塩……ひとつまみ（または、白菜の浅漬けの絞り汁少々）
　白いりごま……大さじ1
］

作り方
1 白菜は繊維を断ち切るように8mm幅の細切りにする。水菜は5cm長さのざく切りにする。干ししいたけは分量の水でもどし、薄切りにする（もどし汁はとっておく）。白ごまはすり鉢でする。
2 鍋に1の干ししいたけをもどし汁ごと入れ、1の白菜を加えて中火にかける。沸いたら弱火にしてしばらく煮て、白菜が柔らかくなったら1の水菜、Aを加えて味をととのえる（このとき、白菜とゆずの浅漬けの絞り汁を加えてもよい）。

Winter 冬のプレート ....3....

冬野菜の代表選手である大根もやっぱり外せません。そこで、大根丸ごと一本を楽しむためのプレートを。主菜、副菜、スープ、そして、玄米ごはんまでも。バリエーション豊かな大根料理がそろいました。

大根尽くしプレート

ごはん 大根葉入り玄米ごはん

大根の葉を捨ててしまうなんてもってのほか。ピリッと辛みをきかせて炒めものにすれば、立派な一品の完成です。

材料（2人分）
玄米ごはん……茶碗に軽く2膳分（約160g）
大根葉炒め（p.92参照）……大さじ3
白いりごま……大さじ1

作り方
ボウルに玄米ごはんを入れ、大根葉炒め、白ごまをふって混ぜ合わせる。

大根葉のおろしあえ

大根餅

根菜のみそ汁

大根葉入り玄米ごはん

82

主菜　大根餅

大根を柔らかく煮て、甘さを引き出した大根餅。焼きたてアツアツはもちろん、時間をおいて冷めたものもおいしい。

材料（2人分）
大根（せん切り）……3cm分（約100g）
干ししいたけ……1枚
水……100ml
A ┌ 白玉粉、地粉……各1/2カップ
　└ 塩……ひとつまみ
ごま油……大さじ1/2
<たれ>
　だし汁（p.12参照、または水）……大さじ3
　しょうゆ……大さじ1
　米酢、てんさい糖……各小さじ1
　コチュジャン……小さじ1/2

作り方
1. 小鍋に大根、干ししいたけ、分量の水を入れ、中火にかける。沸いたら弱火にして、大根が柔らかくなるまで3分ほど蒸し煮にする。粗熱が取れたら、しいたけを取り出してみじん切りにして、鍋に戻す。
2. ボウルに**1**とAを入れ、白玉粉のだまがなくなるまでよく混ぜ合わせる。
3. フライパンにごま油をひき、**2**の全量を流し入れて中火にかける。ふたをして片面3～4分ずつ焼き色がつくまで蒸し焼きにする。
4. 小鍋にたれの材料を入れてひと煮立ちさせる。**3**を食べやすい大きさに切って器に盛り、たれを添え、イタリアンパセリ（分量外）を飾る。

副菜　大根葉のおろしあえ

大根の葉っぱを大根おろしであえた「ともあえ」。大根の食感もよく、シンプルながら奥深い味わいです。

材料（2人分）
大根葉……少々（約10g）
大根おろし……100g
A ┌ 油揚げ……1枚
　│ 水……大さじ1
　└ しょうゆ……小さじ1/2
塩……ひとつまみ
しょうゆ……小さじ1

作り方
1. 大根葉は小口切りにする。Aの油揚げは油抜きする。
2. 小鍋にAを入れて中火にかける。沸いたら弱火にして3分ほど煮る。油揚げにしっかりと味を煮含ませたら取り出し、細切りにする。
3. ボウルに**1**の大根葉を入れ、塩をふってもむ。**2**、大根おろし、しょうゆを加えてあえる。

汁もの　根菜のみそ汁

冬の根菜が勢ぞろいしたみそ汁は、ちょっぴり加えた甘酒がポイント。いつものみそ汁とは違ったおいしさです。

材料（2人分）
大根……1cm（約20g）
にんじん……3cm（約30g）
れんこん……1/4節（約20g）
ごぼう……6～7cm（約20g）
しょうが（みじん切り）……少々
水……100ml
A ┌ だし汁（p.12参照）……150ml
　└ みそ、甘酒……各大さじ1
大根葉の塩もみ……適量

作り方
1. 大根、にんじんは2～3mm厚さのいちょう切り、れんこん、ごぼうは2～3mm厚さの輪切りにする。
2. 小鍋に**1**、しょうが、分量の水を入れて中火にかける。沸いたら弱火にし、ふたをして7～8分煮る。ごぼうが柔らかくなったら、Aを加えて味をととのえる。好みで大根葉の塩もみをのせる。

Winter 冬のプレート ....4....

冬に食べたくなるのは、やはりポトフーです。
ゴロッと大きめに切った野菜をじっくりと煮て、
にんじんの竜田揚げ、水菜のあえものを添えます。
体も心も温まる、冬の定番プレートです。

ポトフーと竜田揚げのプレート

ポトフー

水菜のくるみみそあえ

高野豆腐とにんじんの
竜田揚げ

主菜 高野豆腐とにんじんの竜田揚げ

にんじんと干ししいたけ、高野豆腐をカリッと揚げて。しっかりと下味をつけているので、そのまま食べてもおいしい。

材料（2人分）

A
- 高野豆腐……2枚
- にんじん……1/2本（約75g）
- 干ししいたけ……1枚
- 水………200ml
- しょうゆ……大さじ1/2

片栗粉……適量
貝割れ大根……適量
揚げ油……適量

作り方

1. Aのにんじんは縦4等分に切る。
2. 鍋にAを入れ、ふたをして中火にかける。沸いたら弱火にして20分ほど煮る。ふたを外し、水けが残っていたらとばす。高野豆腐と干ししいたけを取り出して食べやすい大きさに切り、にんじんとともに、それぞれ片栗粉をまぶす。
3. 揚げ油を高温（約180℃）に熱し、2を2〜3分揚げる。器に盛り、貝割れ大根を添える。

汁もの ポトフー

皮ごと大きめに切った野菜を干ししいたけのだしでコトコト煮るだけ。寒い日には、とびきりうれしい一品です。

材料（2人分）

じゃがいも……2個（約240g）
にんじん……小1本（約75g）
玉ねぎ……小1個（約100g）
カリフラワー……1/4個（約100g）
ブロッコリー……1/4個（約75g）

A
- 干ししいたけ……1枚
- ローリエ……2枚
- 塩……ひとつまみ
- 水……400ml

黒粒こしょう……少々
粒マスタード……適量

作り方

1. じゃがいもは芽を取る。にんじんは長さを半分に切る。
2. 土鍋（または鍋）にすべての野菜とAを入れてふたをする。中火にかけ、沸いたらとろ火にして1時間ほどコトコトと煮る。
3. 器に盛ってこしょうをふり、粒マスタードをのせる。

副菜 水菜のくるみみそあえ

シャキシャキとした生の水菜をくるみとみそであえてコクを加えました。レーズンと甘酒がポイントです。

材料（2人分）

水菜……小1株（約30g）
レーズン……10g
くるみ……約15g
みそ……大さじ1/2
甘酒……大さじ1

作り方

1. 水菜は2〜3cmのざく切り、レーズンは粗みじん切りにする。
2. すり鉢にくるみを入れ、粗めにすりつぶす。みそ、甘酒を加えて混ぜ、1をあえる。

Winter 冬のプレート
…5…

パイ、玄米、オムレツ。3層のキッシュは、味も食感も、いろいろ楽しめて食べごたえもあり。これ一品で十分に満足できるボリュームなので、スープとシンプルなあえものでプレートに。

玄米キッシュプレート

汁もの 切り干し大根のスープ

キッシュと合わせるのは、ダブルの大根を使った滋味深いスープ。切り干し大根の旨みで、油なしでもコクが出ます。

材料（2人分）
大根……1.5cm（約30g）
長ねぎ……10cm（約30g）
切り干し大根……10g
水（ひじきのもどし汁を足してもよい）……2カップ
しょうゆ……大さじ1

作り方
1 大根はせん切り、長ねぎは小口切りにする。
2 鍋に1、切り干し大根、水を入れて中火にかける。沸いたら弱火にしてしばらく煮て、大根が柔らかくなったらしょうゆで味をととのえる。

切り干し大根のスープ

春菊のひじきあえ

玄米キッシュ

主菜 玄米キッシュ

ザクザクとした食感のパイ生地に、野菜と玄米、そして、ふわふわとした食感のオムレツ層。3つの味を楽しめます。

材料（直径15cm、高さ5cmのケーキ型1台分）

パイ生地（p.68参照）……全量
＜玄米の層＞
　玉ねぎ……1/4個（約50g）
　れんこん……1/2節（約50g）
　えのきたけ……1/4袋（約50g）
　A ┌ 塩……ひとつまみ
　　│ しょうゆ……小さじ1
　　└ 玄米ごはん……150g
　オリーブオイル……大さじ1
＜オムレツの層＞
　玉ねぎ……1/4個（約50g）
　じゃがいも……1/2個（約60g）
　ほうれん草……1/3株（約20g）
　木綿豆腐……1/3丁（約100g）
　B ┌ ターメリック……少々
　　│ しょうゆ……小さじ2
　　│ 塩……ひとつまみ
　　└ 水……大さじ2
　オリーブオイル……大さじ1

作り方

1. キッシュの土台を作る。パイ生地を薄くのばし、菜種油適量（分量外）を塗ったケーキ型に敷き詰め、底と側面にフォークで穴をあける。180℃に予熱したオーブンで20分焼く。
2. キッシュの玄米の層を作る。玉ねぎはみじん切りにする。れんこんは飾り用に5枚を薄切りにし、残りは1cm角に切る。えのきたけはみじん切りにする。
3. フライパンに **2** の玉ねぎとれんこん（角切り）、えのきたけ、オリーブオイルを入れて弱火でじっくり炒める。玉ねぎがあめ色になったらAを加えて混ぜる。**1** に入れ、ギュッと押しながら敷き詰める。
4. キッシュのオムレツの層を作る。玉ねぎは薄切り、じゃがいもはせん切り、ほうれん草は3cmのざく切りにする。豆腐は重しをのせて30分ほど水きりする。
5. フライパンに **4** の玉ねぎとじゃがいも、オリーブオイルを入れて弱火でじっくり炒める。玉ねぎが色づいたらBを加え、3分ほど煮る。じゃがいもに火が通ったらミキサー（またはフードプロセッサー）に入れ、豆腐を加えて攪拌する。
6. 鍋に **4** のほうれん草と水少々（分量外）を入れてさっとウォーターソテーする。**5** と合わせて **3** の上に敷き詰め、飾り用のれんこんをのせる。180℃に予熱したオーブンで8分ほど焼き、粗熱が取れたら切り分ける。

副菜 春菊のひじきあえ

春菊は生で食べてもおいしく、ほろ苦い香りと食感を楽しめます。オリーブオイルとバルサミコ酢で洋風のひじきあえに。

材料（2人分）

春菊……1株（約40g）
芽ひじき……約10g
水……大さじ2
バルサミコ酢……小さじ1
オリーブオイル……小さじ1/2

作り方

1. 春菊は茎は小口切りにし、葉は手でちぎる。
2. ボウルにひじきと分量の水を入れ、時々ひじきを返しながらもどるまでおく。もどしたひじきは、長ければ適当な大きさに切る。
3. ボウルに **2**、バルサミコ酢、オリーブオイルを入れて混ぜ、**1** を加えてあえる。

冬の一品料理

大根やごぼうなど、寒い季節の冬野菜。かみごたえがあり、特有の香りも楽しめます。
きんぴらや切り干しなど定番の常備菜から、体が温まる煮ものや汁ものまで紹介します。

副菜 きんぴらごぼう

ごぼうとにんじんを、しょうゆだけでシンプルに。
素材そのものの味を楽しんでください。

材料（作りやすい分量）
ごぼう……1/3本（約100g）
にんじん……1/3本（約50g）
しょうゆ……大さじ1
水……100ml
ごま油……大さじ1/2
細ねぎ（小口切り）、白いりごま……各適量

作り方
1. ごぼうとにんじんはせん切りにする。
2. 鍋にごま油と**1**のごぼうを入れ、しっかりと炒める。油がなじんだらしょうゆ、水を加えて弱火にする。ごぼうの上に**1**のにんじんをのせてふたをし、3～4分蒸し煮にする。
3. にんじんが柔らかくなったらふたを外し、強火にして水分をとばしながらしっかりと煮つける。器に盛り、白ごま、細ねぎをのせる。

副菜 ## しいたけと昆布の佃煮

干ししいたけとだしをとったあとの昆布を佃煮に。
玄米ごはんがどんどん進む、小さな箸休めです。

材料（作りやすい分量）
干ししいたけ（でがらしでよい）……1枚
昆布（でがらしでよい）……2枚
水……大さじ2
しょうゆ……小さじ1

作り方
1. 干ししいたけは薄切り、昆布はせん切りにする。
2. 土鍋（または鍋）にすべての材料を入れ、ふたをしてごく弱火で15分ほど煮る。

副菜 ## 油揚げのねぎみそはさみ

味を煮含ませた油揚げに、香ばしく焼けたみそが絶品。
玄米ごはんのおかずはもちろん、おつまみにも最適です。

材料（2枚分）
A ┌ 油揚げ……2枚
　├ 水……大さじ2
　└ しょうゆ……小さじ1
〈ねぎみそ〉
　長ねぎ……25cm（約100g）
　ごま油……大さじ1/2
　みそ……大さじ1
　水……100ml

作り方
1. ねぎみそを作る。長ねぎは小口切りにし、根があればみじん切りにする。フライパンに長ねぎとごま油を入れ、中火で炒める。しんなりとしたら長ねぎの上にみそをのせ、水を加える。ふたをして、弱火で10分ほど煮る。ふたを外し、水分が残っていたら火を強めて煮詰める。
2. Aの油揚げは油抜きする。鍋にAを入れて中火にかける。沸いたら弱火にし、3分ほど煮る。油揚げにしっかりと味を煮含ませたら取り出す。
3. 2の粗熱が取れたら横長に置いて上部分に切り込みを入れ、1を2等分にしてはさみ込む。焼き網で両面に焼き色がつくまで弱火で焼き、4等分に切って器に盛る。

ごはん 玄米入りすいとん汁

玄米入りのすいとんはモチモチとした食感に。
野菜たっぷりで、食べているそばから体ポカポカです。

材料（2人分）

長ねぎ……20cm（約60g）
小松菜……1/3株（約20g）
油揚げ……1枚
干ししいたけ……1枚
水……400ml
A ┌ 地粉……1/2カップ
　│ 玄米ごはん……大さじ2（約25g）
　│ 水……大さじ1
　└ 塩……ひとつまみ
しょうゆ……大さじ1

作り方

1. 長ねぎは1cm厚さの斜め切り、小松菜は3cmのざく切りにする（根があれば、ともにみじん切りにする）。油揚げは油抜きをして2cm幅に切る。干ししいたけは分量の水でもどし、薄切りにする（もどし汁はとっておく）。
2. ボウルにAを入れ、手でよくこね合わせる。乾かないようにジッパーつき保存袋や保存容器に入れ、15～30分ねかせる。

＊こねるときに使う水分は、残ったスープや野菜の塩もみ汁、ひじきなどのもどし汁、蒸し汁、ゆで汁などでも可。塩味のきいたものを使う場合、塩は加減する。

3. 鍋に1の長ねぎ、干ししいたけ、しいたけのもどし汁を入れて中火にかける（長ねぎと小松菜の根があれば一緒に入れる）。沸いたら2を小さめのひと口大にちぎって加え、再び沸いたら弱火にして10分ほど煮る。
4. すいとんに火が通ったら、1の小松菜と油揚げ、しょうゆを加えてさっと煮る。

主菜 冬キャベツと
ひよこ豆のごま煮

くったりと柔らかいキャベツにホクホクのひよこ豆。
クリーミーな味わいで、スープのような一品です。

材料（2〜3人分）
ひよこ豆……1/4カップ（約50g）
キャベツ……1/6玉（150g）
玉ねぎ……1/4個（約50g）
にんにく（薄切り）……1片分
白練りごま……大さじ2
しょうゆ……大さじ1
水……150ml

作り方
1. ひよこ豆はたっぷりの水（分量外）にひと晩つけて、ざるに上げる（この水は使わない）。
2. キャベツは芯をつけたまま8cm厚さのくし形切りにする。玉ねぎは薄切りにする。
3. 圧力鍋にすべての材料を入れ、ふたをして中火にかける。圧がかかったら弱火にして10分煮る。鍋に水をかけて急冷させ、器に盛る。

＊鍋で作る場合
1. 厚手の鍋にひよこ豆（もどしたもの）、キャベツ、玉ねぎ、にんにく、水を入れて中火にかける。沸いたら弱火にし、ふたをして25分ほど煮る。
2. ひよこ豆が柔らかくなったら、練りごま、しょうゆを加えてさらに5分ほど煮て、全体を優しく混ぜ合わせる。

副菜 ごぼうサラダ

きんぴらごぼうをたくさん作ったら、ぜひこれも。
マヨネーズとあえるだけの簡単サラダです。

材料（2〜3人分）
きんぴらごぼう（p.88参照）……80g
豆乳マヨネーズ（p.14参照）……大さじ2
白練りごま……大さじ1/2
七味唐辛子……適量

作り方
1. ボウルに豆乳マヨネーズと練りごまを入れ、よく混ぜ合わせる。
2. 1にきんぴらごぼうを加えてよく混ぜる。器に盛り、七味唐辛子をふる。

副菜 大根葉炒め

シャキシャキとした食感をほどよく残してさっと炒めて。
あとひくピリ辛味は、玄米ごはんと文句なしの相性です。

材料（作りやすい分量）
大根葉……約100g
しょうが（みじん切り）……1片分
ごま油……小さじ1
しょうゆ……大さじ1
七味唐辛子……少々

作り方
1. 大根葉はみじん切りにする。
2. フライパンに 1 とごま油、しょうがを入れ、中火で炒める。油が回って大根葉が柔らかくなったら、しょうゆ、七味唐辛子を加えて味をととのえる。

副菜 切り干し大根の煮もの

定番の切り干しも、きんぴら同様しょうゆだけで味つけ。
野菜本来の甘さが引き立つシンプルなレシピです。

材料（作りやすい分量）
切り干し大根……1袋（約50g）
にんじん……1/2本（約75g）
油揚げ……1枚
しょうゆ……大さじ1と1/2
水……400ml

作り方
1. 切り干し大根は分量の水に5分浸してもどす（もどし汁はとっておく）。
2. にんじんはせん切りにする。油揚げは油抜きをして、縦半分に切ってから細切りにする。
3. 鍋に 1 をもどし汁ごと入れ、2 のにんじん、油揚げの順に重ねて入れる。しょうゆを回し入れ、ふたをして中火にかける。沸いたら弱火にして10分ほど煮る。ふたを外し、軽く混ぜながら煮含める。

主菜 おやき

きんぴらごぼうを詰めたアツアツのおやき。
もっちりとした生地で、3時のおやつにもぴったり。

材料（4個分）

A ┌ 地粉……1カップ（約100g）
  │ 塩……小さじ1/4
  └ ベーキングパウダー（あれば）……小さじ1/2
水……50ml
きんぴらごぼう（p.88参照）……大さじ8

作り方

1 ボウルにAを入れて混ぜ、分量の水を少しずつ加えながらよくこねる。粉っぽさがなくなったら4等分にして平らにし、きんぴらごぼうを大さじ2ずつ包む。
2 蒸気の上がった蒸し器に**1**を入れ、10分ほど蒸す。
3 フライパンを熱して**2**を並べ、両面に焼き色がつくまで中火で焼く。

＊ ベーキングパウダーを入れればふっくらとした生地に、入れなければもっちりとした生地になる。
＊ 具は、ねぎみそ（p.89参照）、大根葉炒め（p.92参照）、切り干し大根の煮もの（p.92参照）などを包んでもおいしい。

主菜 れんこんボール

れんこんのすりおろしに玄米を加えてもっちり。
しょうがをきかせたあんをたっぷり絡めてどうぞ。

材料（10個分）

れんこん……1節（約100g）
玉ねぎ……1/4個（約50g）
玄米ごはん……約50g
パン粉……1/4カップ
塩……ふたつまみ
菜種油……小さじ1
揚げ油……適量
A ┌ しょうが（すりおろし）……少々
　│ しょうゆ……大さじ1
　└ 水……大さじ2
くず粉……小さじ1（大さじ1の水で溶く）

作り方

1 れんこんはすりおろす。玉ねぎはみじん切りにする。
2 フライパンに1の玉ねぎ、塩、菜種油を入れてよく炒める。
3 ボウルに1のれんこんと2、玄米ごはん、パン粉を入れてよく混ぜ、10等分にして丸める。
4 揚げ油を中温（約170℃）に熱し、3を入れる。箸で時々転がしながら、きつね色になるまで4〜5分ゆっくりと揚げて取り出す。
5 鍋にAを入れて中火にかける。沸いたら水溶きくず粉でとろみをつけ、4を加えて絡ませる。器に盛り、細ねぎ適量（分量外）を散らす。

ゆず汁

材料（作りやすい分量）
ゆず……3〜4個

作り方
ゆずを半分に切って搾る。清潔な瓶に入れ、冷蔵庫で保存する。
＊冷蔵庫で半年以上保存可能。
＊ゆず以外のかんきつ類でもよい。数種類を混ぜてもおいしい。

かんきつポン酢

材料（作りやすい分量）
ゆず汁（または、ほかのかんきつ汁）……大さじ1
しょうゆ……大さじ2

作り方
清潔な瓶にゆず汁としょうゆを入れて混ぜ合わせる。
＊冷蔵庫で半年ほど保存可能。
＊すだち、かぼす、夏みかんなどで作ってもおいしい。市販のレモン果汁でも作れる。

冬の調味料とソース

ブラウンズフィールドの冬の調味料といえば、かんきつ汁と、それを使ったポン酢が定番。
ゆずを搾っただけのゆず汁は、ドレッシングやあえものなどに欠かせない調味料です。

中島 子嶺麻 (なかじま しねま)

1984年、中島デコの長女として生まれる。「おなかの中からマクロビオティック」で育った正真正銘のマクロっ子。高校進学を機に実家を出て就職まで東京で暮らすが、都会の食生活に疑問を抱き再び田舎での生活をスタート。2007年からブラウンズフィールドで自然に寄り添った循環生活を実践。スタッフのまかないを作るほか、イベントの運営や経理などを担当する。野菜の頭からしっぽまですべてを余さず使う「MOTTAINAI料理」が得意。結婚後、三児をプライベート出産する。2013年高知県に移住し、古民家を修復しながら家族で農的生活を営む。

デザイン／鈴木みのり（エルマーグラフィックス）
撮影／加藤新作
スタイリング／伊藤美枝子
編集／結城 歩
校正／安久都淳子
協力／中島デコ、矢島麻依子、宮崎恭子、御田勝義

■写真協力
グルッペ吉祥寺店
東京都武蔵野市吉祥寺東町1-25-24
TEL 0422-20-8839

きれいになる「ゆるマクロビ」
玄米と野菜の
ワンプレートごはん

2012年5月1日　第1版発行
2017年5月20日　第7版発行

著　者　中島子嶺麻
発行者　下川正志
発行所　一般社団法人 家の光協会
　　　　〒162-8448　東京都新宿区市谷船河原町11
　　　　電　話　03-3266-9029（販売）
　　　　　　　　03-3266-9028（編集）
　　　　振　替　00150-1-4724
印　刷　シナノ印刷株式会社
製　本　シナノ印刷株式会社

乱丁・落丁本はお取り替えいたします。
定価はカバーに表示してあります。
©Cinema Nakajima 2012 Printed in Japan
ISBN978-4-259-56366-0 C0077